Crochet para llevar

Diseña tus propias mantas

50 motivos • **10** mantas únicas

Ellen Gormley

Manu

Go Crochet! Afghan Design Workbook Copyright © 2011 by Ellen Gormley. Published by Krause Publications, a division of F+W Media, Inc., 4700 East Galbraith Road, Cincinnati, Ohio, 45236. (800) 289-0963. First Edition.
De la edición en español © 2013, Cute Ediciones S.R.L.
De la traducción 2012 Alejandra Pont

Cute Ediciones
Uruguay 182, Cuidad Autónoma de Buenos Aires, Argentina (1425)

Gormley, Ellen
    Crochet para llevar. - 1a ed. - Ciudad Autónoma de Buenos Aires : Cute Ediciones, 2013.
    128 p. : il. ; 26x20 cm.

    ISBN 978-987-1903-34-4

    1. Tejido Crochet. I. Título

    CDD 746.434

Fecha de catalogación: 05/07/2013

www.cuteediciones.com.ar

SOBRE LA AUTORA

Ellen comenzó a tejer crochet a los 10 años. Su recuerdo de tejedora más preciado es el de tejer una manta junto a su madre para el cumpleaños de su abuela. Ellen no puede recordar quién le enseñó a tejer crochet, pero cree que se filtró en su conciencia a una edad temprana a causa de Tante Margaret, una tía abuela que vivía al lado. Ellen abandonó el tejido durante su adolescencia y luego lo retomó en el posgrado de la Universidad de Cincinnati. Ha tejido al crochet obsesivamente desde entonces, tejiendo más de ochenta mantas antes de comenzar su carrera de diseñadora en el año 2004.

En la actualidad, Ellen ha vendido más de 100 diseños. Ha publicado en numerosas ocasiones en distintas revistas de crochet, incluyendo *Interweave Crochet, Crochet Today, Crochet!, Crochet World* e *Inside Crochet.* Sus diseños han aparecido en *PBS' Needles Arts Studio* y en *Knit and Crochet Now.* En el año 2008, Ellen fue elegida la Mejor Diseñadora de Crochet Decorativo por el Frente de Liberación de Crochet.

Cuando no teje crochet, Ellen disfruta de la lectura, tejer a dos agujas, el jazz y las tortas de chocolate. Vive cerca de Cincinnati con su esposo Tom y sus dos hijos.

Puede seguir a Ellen en su blog: www.GoCrochet.com y como "GoCrochet" en Twitter, Crochetville y Ravelry.

TABLA DE CONVERSIÓN MÉTRICA

Para convertir	a	multiplicar por
Pulgadas	Centímetros	2.54
Centímetros	Pulgadas	0.4
Pies	Centímetros	30.5
Centímetros	Pies	0.03
Yardas	Metros	0.9
Metros	Yardas	1.1

DEDICATORIA

A mi esposo Tom, que tolera mis hilados y habla con orgullo sobre mi persona a espaldas mías…

A mi pequeña y hermosa hija, Maura, que viste mis regalos hechos al crochet con orgullo. Eres mi mejor modelo.

A mi apuesto y valiente hijo, Patrick, mi super-héroe, "Nudge Monster", que espanta a nuestro gato lejos de mis ovillos.

Los amo, los amo hasta el infinito, los amo más que a la torta de chocolate.

AGRADECIMIENTOS

• Gracias a mi familia, que me encontró siguiendo fragmentos de hilado por toda la casa como si fueran migas de pan en el bosque.

• Gracias a la editora Jenni Claydon, por defender este libro desde el comienzo. A mis editoras adicionales, Nancy Breen y Kelly Biscopink, quienes ayudaron a darle forma al libro desde el principio al fin. Gracias también al resto del equipo de F & W Media por su talento y su atención para con este proyecto.

• Gracias a la editora técnica y a la diagramadora de esquemas, Karen Manthey. Los esquemas de puntos son increíbles y estoy muy orgullosa de haberlos podido incluir.

• Gracias a las hilanderías que generosamente apoyaron al libro y la industria del crochet con sus increíbles hilados y hermosos colores. Sus colores y fibras me inspiran. Sus hilados se convirtieron en mis mascotas.

• Gracias a ti, Tammy Hildebrand, que te has convertido en mi hermana de hilados. Tu talento sólo es sobrepasado por tu bondad y generosidad.

• Gracias a ti, Lisa Pflug, que has sido mi primer amiga en el CGOA y continuaste apoyándome a pesar del mal tiempo y los huracanes. Estoy muy agradecida por tu ayuda y amistad.

• Hay además muchos a los cuales me gustaría agradecer y que me han brindado fuerza, chocolates, buenos deseos y opiniones: Haley y Anna, mis moderadoras del grupo de Ravelry; Missy y todas mis amigas de Jazzercise que no se rieron de mí cuando tejía crochet antes y después de las clases y soñaba despierta con tejidos durante las mismas; y a las tantas lectoras del blog que me hicieron compañía mientras trabajaba desde casa.

• Gracias a ti, Dios. No podría haber hecho este libro, y nada realmente, sin Ti.

Contenidos

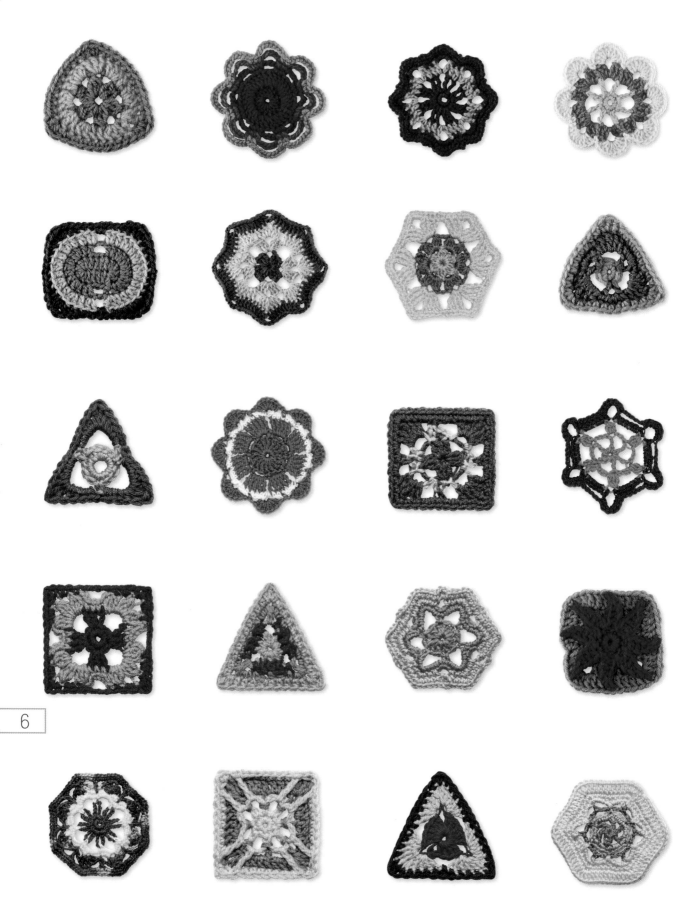

Introducción

A esta altura, debes haber descubierto la alegría simple de trabajar con hilados y agujas de crochet. Ahora, ¿cuál es el mejor modo de maximizar nuestro tiempo y dinero (recursos siempre escasos) para continuar tejiendo? La respuesta es: ¡motivos de crochet! Proyectos compuestos de pequeñas unidades que resultan lo mejor para tejer mientras estás en movimiento.

Los motivos son lo último en portabilidad. Los centros rojos de la manta "Trillones de triángulos" (pág. 94) fueron hechos durante un partido de básquet.

Una aguja, una tijera, una madeja de hilo y las instrucciones de la hilera 1 eran todo lo que necesitaba para hacer mella en este proyecto. Muchos de estos proyectos fueron confeccionados tejiendo 10 minutos acá, 15 minutos allá, una práctica de fútbol, en una sala de espera, viajando en auto.

Los motivos son mágicos porque crecen muy rápido. Disfruto hacer los míos al estilo "línea de montaje". Tejo las primeras hileras de todos los motivos que necesito para el proyecto, luego la hilera 2 y así sucesivamente. Con llevar encima un solo color de hilado ya me basta. Además, se puede cambiar el tamaño del proyecto. Si te distraes o te aburres, haz una manta pequeña para un niño o una mascota. ¿Tienes un amigo muy alto? Agrégale más motivos para agrandar la manta y que pueda mantener sus pies calientes. Suma más motivos para agrandar la manta y que entre en una cama doble. ¡Nadie adivinaría cuál era el tamaño original de la manta!

Los motivos son maravillosos porque puedes jugar con los colores sin mucho compromiso de tiempo e hilado. Y puedes usar motivos que no te gustan tanto para lograr apoyavasos, alfombritas para las casas de muñecas o (si son de algodón) para paños de cocina. También puedes destejer el motivo y medir cuánto hilado te lleva hacer cada hilera: de este modo tendrás valiosa información para hacer las compras.

Pero mejor que la portabilidad y la adaptabilidad de los motivos es la forma en que tejer pequeños ítems puede unir a la familia y amigos. Cuando era adolescente, mi mamá y yo hicimos una manta para mi abuela. Al elegir los colores aleatoriamente del alijo de hilados, tuvimos horas de diversión colocándolos uno al lado del otro. Mamá unió los "granny squares" con un hilado color crema y le realizó una terminación sencilla. Mientras la abuela disfrutaba de la manta y su artesanal singularidad, fue el proceso de hacerla juntas lo que valoro más.

Pronto tú estarás prendida a los motivos como yo lo estuve y te encontrarás diciéndote las famosas últimas palabras: "Sólo uno más!"

CAPÍTULO I

Preparados, listos. . . crochet!

Alguien alguna vez me preguntó, "¿por qué tienes más de un libro?". A lo que respondí con otra pregunta: "¿los pintores tienen solamente un pincel?". Dejando el humor de lado, tener las herramientas adecuadas es parte de lo divertido de diseñar o tejer un gran proyecto de crochet. Cada diseñadora de crochet tiene sus herramientas favoritas y técnicas básicas que ayudan a llevar un diseño a la vida.

A medida que trabajes con los proyectos de este libro, descubrirás las herramientas que más te gustan y rápidamente no querrás tejer crochet sin ellas.

Las herramientas adecuadas, la calidad de los materiales y la comprensión de los puntos básicos te darán el poder de realizar hermosos proyectos de crochet y comenzar a diseñar los propios.

Fibras

Cualquiera de los proyectos o motivos en este libro pueden ser realizados en cualquier hilado suave. Si decides diseñar tu propia manta, deberás decidir cuál fibra resulta adecuada para tu propósito.

TIPOS DE FIBRAS

Hay tantos hilados maravillosos disponibles para elegir que resulta difícil hacerlo. Para las mantas de este libro es importante la elección del hilado correcto considerando la función del producto final. ¿Cómo va a ser usado el proyecto? Al diseñar las mantas de este libro, elegí acrílico, algodón, mezcla de algodones, mezcla de bambú y lanas.

Amo el hilado de acrílico por su vasta gama de colores. El acrílico es además duradero y puede ser lavado en lavarropas. En el pasado, algunos hilados de acrílico fueron tildados por ásperos e incómodos. En la actualidad, en las camas de mi casa tenemos los mismos hilados que encontrarán en este libro. Hemos lavado y usado estas mantas por años, y se han vuelto más suaves y con mejor forma luego de lavadas. Si prefiere no usar acrílico, hay muchas otras opciones.

Como por ejemplo las mezclas con algodón. El algodón puede ser pesado, pero es una fibra excelente. Es lavable, natural y una elección muy buena para climas cálidos que no necesitan una gruesa capa de lana.

La lana es una variante muy abrigada, pero requiere más cuidado al lavarla. La lana pura puede encoger y afieltrase en el lavarropas.

Las lanas con proceso "superwash" son las ideales para las mantas. A pesar de ser más caras que el acrílico, resultan más abrigadas y naturales.

Hay muchas otras fibras que no se usan en este libro que puedes utilizar si lo deseas, como la alpaca, cashmere, rayón, lino, poliéster y mezclas de todas las mencionadas arriba.

TÍTULOS (O GROSORES) DE LOS HILADOS

Cada tipo de hilado que se encuentra en el mercado es fabricado de diferente manera: más suave, más o menos retorcido, tipo bouclé, fino o super grueso y toda la variedad que hay entre ellos.

La mayoría de los hilados tienen la identificación de su grosor en la etiqueta. El sistema de clasificación de grosores va desde 0 para el hilado tipo "lace" a 6 para los hilados super gruesos. La mayoría de los hilados utilizados en este libro tienen grosor 4 (semigrueso). Para saber más acerca de grosores dirígete a la pág. 126.

Flamés, bouclé, con pelos, cinta, y otros hilados novedosos no son usados en este libro porque no se usan normalmente en mantas. Como diseñadora, elegí hilados que resulten en una excelente definición del punto. Cuando diseñes tu propia manta, puedes utilizar el hilado que desees.

El Craft Yarn Council de América (www.craftyarncouncil.com) posee una detallada explicación del sistema de títulos, como así también otras listas informativas de agujas, medidas y consejos sobre cómo leer los patrones y esquemas.

MADEJAS, OVILLOS Y LOTES DE TEÑIDO

Los hilados se encuentran en el mercado en forma de madejas u ovillos.

- **Una madeja de hilado** está formada por el hilado, que es colocado en forma circular con un diámetro grande y luego retorcido, con un extremo insertado adentro del otro.
  Las madejas necesitan ser desarmadas y ovilladas para poder tejer con ellas. Si no posees un ovillador, tu tienda local de hilados puede proveer este servicio cuando compres el hilado.

- **Un ovillo de hilado** está formado por el hilado colocado en forma de pelota con un hueco en el medio, de manera que puede ser tomado fácilmente desde el centro una vez que se quita la etiqueta.

- **Un número de lote de teñido** es un código que posee todo hilado que es teñido en lotes. El número de lote te indicará si los ovillos o madejas fueron teñidos en el mismo lote, dándole a sus proyectos uniformidad de color. Asegúrate de comprar suficiente cantidad de hilado del mismo lote de color para poder completar su proyecto.

Herramientas

AGUJAS

Al igual que los cepillos de los pintores, las agujas de crochet se encuentran en diversas formas y medidas. Hay agujas puntiagudas y agujas romas; hay agujas de madera ricamente adornadas, modestas agujas de aluminio y de plástico; existen agujas con mangos de madera y de cerámica y agujas ergonómicas con un mango en forma curva y también ¡agujas con pilas en su interior que se iluminan!

Encuentra una aguja que te sea cómoda para sujetar sin apretarla. Notarás que en las agujas de plástico el hilado se desliza más lentamente que en las agujas de aluminio. Al igual que otras tejedoras, seguro amarás el tacto de las agujas de madera. Cuando diseñes tu propia manta, deberás elegir tus herramientas… tienen que ser consistentes con el proyecto.

Todas las agujas son fabricadas de distinta manera. El diámetro de la punta de la aguja será visible sobre la misma aguja o sobre el envase de la misma. Todas las agujas se sienten de manera distinta y deberás tejer más flojo o más ajustado según su empuñadura, aunque el diámetro de la punta sea el mismo.

Por esta razón, la aguja con que realices la muestra es la que deberás usar para tejer y completar tu proyecto. Si no puedes recordarla, haz una anotación, o toma una foto digital de tu aguja con la muestra y la etiqueta del hilado, así tendrás un recordatorio visual de cómo has realizado tu muestra. La medida de las agujas de crochet varía desde pequeñas agujas de acero a agujas mucho más grandes. Cuanto más grande es la aguja, más

grande será el punto resultante. Una aguja se mide en milímetros (mm).

La letra o número sobre la aguja varía según la marca y el país donde fue fabricada, entonces el número milimétrico es el método más seguro de identificar una aguja.

Los proyectos de este libro usan agujas entre 4mm y 8mm.

AGUJA PARA REMATAR HILADOS

Un recurso invalorable para rematar las hebras son las agujas para rematar hilados o las agujas de tapiz. Algunas tejedoras también utilizan para esto agujas especiales comúnmente usadas en la realización de alfombras: tiene una empuñadura mucho más grande y es difícil que se extravíe. Yo utilizo agujas de punta curva.

TIJERAS

A pesar de no ser tan importantes para el éxito de tu proyecto, no tendrás un proyecto exitoso sin ellas. Las tijeras fabricadas para cortar fibras son las mejores.

CÁMARA DIGITAL

No puedo diseñar sin mi cámara digital. No imprimo todas las fotos, pero las uso como una referencia visual para recordar la ubicación de un color, la configuración de los motivos, qué aguja utilicé, dónde va cada punto, intentos previos antes de deshacer un motivo y volver a empezar y muchos otros detalles. ¡Y no te olvides de compartir las fotos de sus proyectos terminados!

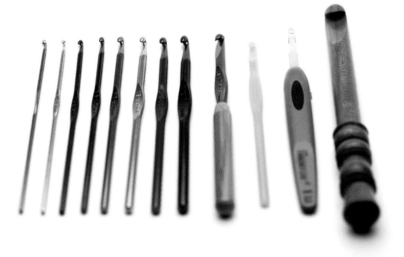

MARCADORES DE PUNTOS

Los marcadores de puntos son útiles para contar largas cadenas de base, contando los puntos de borde, marcando puntos en hilados donde es difícil visualizar los puntos como el bouclé y también en el comienzo de una nueva hilera o en el cambio de punto.

En este libro, se usará un marcador para indicar el primer punto de una hilera. El marcador será movido al primer punto de la hilera siguiente a medida que el trabajo avanza. Pueden ser removidos cuando el motivo haya sido completado o cuando sea indicado en el patrón.

TABLERO PARA ASENTAR (BLOCKING) Y ALFILERES INOXIDABLES

Asentar es un proceso por el cual se acomodan los puntos en su lugar humedeciendo o dando vapor al tejido, permitiendo que se seque a la medida deseada.

Generalmente, las tejedoras asientan solo las fibras naturales, a pesar de que muchas personas creen que someter acrílicos a este proceso les agrega suavidad. Para asentar una pieza de crochet, pinchar la pieza humedecida sobre una base esponjosa con alfileres de acero inoxidable y permitir que la pieza se seque. Los blocking wires pueden sostener piezas de crochet más grandes de bordes rectos, pero no son necesarios para asentar los motivos de este libro.

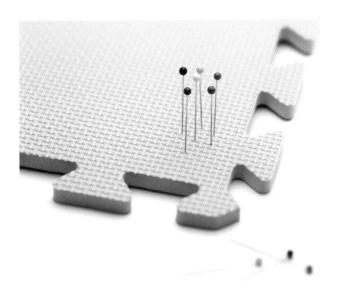

KIT DE DISEÑO

Si estás considerando hacer tus propios diseños, te será útil tener a mano un kit de diseñadora. En una bolsa hermética de plástico yo guardo:

• un anotador y un boígrafo
• tijeras y al menos un ovillo de hilado suave semigrueso
• al menos una aguja de crochet (apropiada para el hilado)
• al menos un marcador de puntos

¡TÚ!

Tus manos y tu imaginación son las mejores herramientas para lograr un proyecto. Mantente en buenas condiciones usando buena luz y postura. Tómate descansos a menudo y estírate para proteger tus articulaciones del cansancio. Agujas de empuñadura más grande pueden disminuir la tensión en las manos y disminuyen el esfuerzo.

Para usar este libro

DIAGRAMAS DE PUNTOS

Cada motivo de este libro tiene tanto instucciones escritas como diagramas de símbolos. Cada símbolo en un diagrama representa un punto.

Al trabajar un diagrama de puntos en forma circular, observa el centro del diagrama y encuentra un punto negro que indica el nudo corredizo (donde comienza el trabajo). Los números en negrita indican la hilera o número de vuelta. Hileras o vueltas se indican en diferentes colores para ayudar a difenciarlas.

Al observar un símbolo, el número de líneas diagonales en la parte vertical del símbolo indica cuántas lazadas se necesitan para completar el punto. Por ejemplo, el símbolo para una vareta doble tiene dos marcas diagonales sobre su línea vertical: esto indica que son necesarias dos lazadas antes de comenzar el punto.

El beneficio más apasionante de un diagrama de puntos es que, comparando el diagrama con tu motivo, se hace obvio de inmediato saber si estás o no en el camino correcto. Como los diagramas de puntos son usados frecuentemente por los diseñadores y editores de crochet en todo el mundo, una tejedora de crochet puede pasar fácilmente la barrera del lenguaje y completar proyectos escritos en otros idiomas.

Referirse a la pág. 16 para encontrar un completo detalle de todos los símbolos de crochet usados en este libro.

INSTRUCCIONES ESCRITAS

Cada instrucción comienza con el color del hilado, la medida de la aguja y el número de cadenas de comienzo. La mayoría de los motivos en el libro le indicarán hacer un anillo para comenzar la primera hilera.

Debido a que los motivos son en su mayoría simétricos, usamos un asterisco * para indicar la instrucción que se repite. La instrucción se da sólo una vez, luego se te pedirá repetir esa instrucción las veces adicionales para completar la vuelta. Al final de la vuelta, se indica un conteo de cada tipo de punto y espacios. Cuenta los puntos y compáralos con tu trabajo antes de continuar con la próxima vuelta.

Los paréntesis ( ) son usados para indicar que todos los puntos entre paréntesis tienen que ser colocados en el mismo punto o espacio. Por ejemplo: "(mp, mv, 2cad, mv, mp) en el próximo esp de 3 cad" significa que deben colocarse todos esos puntos, en ese orden, en los próximos espacios de 3 cadenas. La diferencia entre esp de 3 cad y 3 cad es que el espacio de 3 cad ya está hecho y 3 cad es lo próximo que debe tejer.

Si un mar de instrucciones se despliega ante sus ojos y no parecen tener sentido, hay una serie de cosas que puedes hacer:

- **Leer** toda la instrucción antes de comenzar.
- **Practicar** nuevos puntos en tu muestra.
- **Comparar** las instrucciones escritas con el diagrama de puntos para encontrar pistas.
- **Marcar** tu progreso entre párrafos de instrucciones con una nota de papel adherente.
- **Seguir** el número de veces que repite las instucciones con la ayuda de un contador de vueltas.
- **Reescribir las instrucciones** con más espacio entre los pasos. Coloca cada frase de las instrucciones en una nueva línea y comienza la nueva línea donde está la coma. Tilda cada paso una vez completado.
- **Trabajar como una línea de montaje** para memorizar una o dos hileras por vez. Esto asegura que cada motivo sea igual al otro. Aún cuando cometas un error, nadie lo notará.

NIVELES DE DIFICULTAD

Existen algunas discusiones acerca de los niveles de dificultad entre los diseñadores de crochet. El Craft Yarn Council of America ha creado niveles basados en las capacidades necesarias para completar un proyecto:

- **Proyectos fáciles:** puntos básicos, puntos repetitivos, cambios simples de colores, formas sencillas y terminación.
- **Proyectos intermedios:** variedad de técnicas, como una puntilla o un patrón de color, formas de mediana dificultad y terminación.
- **Proyectos avanzados:** patrones de puntos intrincados, técnicas y dimensiones, como un patrón que no se repite, técnicas multicolores, hilados finos, agujas pequeñas, formas detalladas y terminaciones refinadas.

Muchos diseñadores acostumbran describir el nivel de concentración que se necesita para completar el proyecto. ¿Es algo que puede ser tejido mientras se observa a los niños o debe ser trabajado en completa calma sin distracciones?

Personalmente, creo que cualquiera puede completar un proyecto ocupando suficiente soporte y tiempo. El crochet no es físicamente dificultoso, pero requiere algo de práctica e instrucciones. Pero realmente, ¡tu lo puedes lograr! Tomará un poco de tiempo cuando tengas que aprender nuevos puntos. Pero si te equivocas, lo destejes. ¡Son sólo hilos!

MUESTRA

La muestra se refiere a la cantidad de puntos en 1 pulg y el número de hileras en 1 pulg.

La mayoría de los patrones presentan esta información en palabras o bajo la forma de cuántos puntos hay en 4 pulg (10 cm). Puede leerse: 12 ptos y 12 hileras= 4" (10cm). Esto significa que en el patrón dado, si tomas una regla y la apoyas sobre tu proyecto, en cualquier lugar que lo hagas, contarás 12 puntos en 4 pulgadas (10cm) y 12 hileras en 4 pulgadas (10cm). Si obtuviste más puntos por pulgada, deberás aumentar la medida de tu aguja para crear puntos más grandes. Si obtuviste menos puntos por pulgada, disminuye tu medida de aguja para crear puntos más pequeños.

Para las mantas, la tensión es importante para no desperdiciar hilado. Cuanto más grandes son los puntos, más hilado necesitarás.

La tensión también puede afectar la forma. Si tus puntos son demasiado pequeños y ajustados, el tejido resultante será denso, rígido y con menos forma. Las mantas deben ser flojas y suaves, no rígidas y tensas.

Para motivos trabajados en forma circular, es poco común medir la tensión por el número de puntos y de hileras por pulgada. Entonces es más habitual medir la tensión en vueltas.

Una manera habitual de medir la muestra en este libro sería: Hils 1-3= 3" (8cm). Esto significa: sigue el patrón y al final de la hil 3, la pequeña pieza deberá medir 3" (8cm) de diámetro. Si tu pieza es mayor a 3"(8cm), es muy grande y necesitarás tejer con una aguja máss pequeña. Si mide menos de 3"(8cm), es muy pequeña y necesitarás una aguja más grande.

He diseñado los motivos de este libro para que todos tengan la misma cantidad de puntos. Esto no significa que todos deben medir la misma cantidad en pulgadas. Todos los motivos combinan entre sí, pero deberás jugar con tus agujas para que dos motivos del libro midan lo mismo.

Glosario de puntos

Abreviaturas, símbolos y puntos que necesitarás conocer:

∘ = Punto cadena (cad)

• ∘ ─ = Punto deslizado (pto desl)

┼ = Medio punto (mp)

T = Media vareta (mv)

† = Vareta simple (vs)

‡ = Vareta doble (vd)

= Media Vareta pasada por adelante (mvad)

= Vareta simple pasada por adelante (vsad)

= Vareta simple pasada por detrás (vsat)

= Vareta doble pasada por adelante (vdad)

≁ = Punto cangrejo

⋏ = Disminución de medio punto (2mpj)

⋏⋏ = Disminución doble de medio punto (3mpj)

⋀ = Disminución de varetas simples (2vsj)

 = Disminución de varetas simples pasadas por adelante (2vspadjuntas)

 = Disminución de varetas dobles pasadas por adelante (2vdpadjuntas)

 = Disminución doble de varetas simples (3vsj)

 = Grupo de varetas simples (grvs)

 = Comenzando el grupo de varetas simples (com grvs)

 = Grupo de varetas dobles (gr vd)

 = Comenzando el grupo de varetas dobles (com grvd)

 = Punto popcorn (pop)

 = Comenzando popcorn (com pop)

 = picot

⌒ = woTrabajado por la hebra de atrás (phat)

⌣ = Trabajado por la hebra de adelante (phad)

Nudo corredizo

Cada motivo de crochet comienza con un nudo corredizo sobre el ganchillo.

Con el dedo índice extendido hacia arriba tomar la punta del hilado entre el pulgar y el dedo medio sobre el dedo índice. Envuelva la punta del hilado sobre el pulgar, y pásela por debajo del índice y por detrás de la lazada. Pase la punta a través de la lazada sostenida por el dedo índice. Tire suavemente del extremo del hilado que proviene del ovillo para ajustar la lazada en el ganchillo.

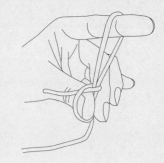

Lazada (laz)

Envuelva el hilado alrededor del ganchillo y tómelo. Para hacer más de 1 lazada, envuelva el hilado alrededor del ganchillo el número indicado de veces.

Punto deslizado (pto desl)

La forma más común en que es usado el punto deslizado es para unir vueltas o para avanzar con el hilado hacia el próximo espacio màs conveniente.

Inserte el ganchillo en el punto o espacio indicado, tome el hilado con el ganchillo pasándolo al mismo tiempo a través del punto y de la lazada del ganchillo en un sòlo movimiento.

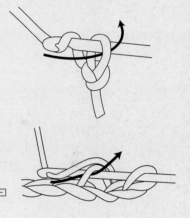

Cadena (cad)

Con un nudo deslizable sobre el ganchillo * tomar el extremo del hilado con el ganchillo y páselo a través de la lazada del ganchillo. Se ha realizado 1 cadena. Repetir desde * tantas veces como se indica.

Medio punto (mp)

Inserte el ganchillo en el próximo punto, lazada y haga un lazo a través del punto, laz y tire a través de ambos lazos del ganchillo.

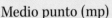

Punto cangrejo (pto cang)

Para diestros: los puntos se trabajan normalmente en el sentido contrario de las agujasdel reloj. Para trabajarlos al revés, hacerlos en el sentido de las agujas del reloj.

Para zurdos: los puntos se trabajan en el sentido de las agujas del reloj. Para trabajarlos al revés, hacerlos en el sentido contrario a las agujas del reloj.

Independientemente de la mano que usted use, es un poco raro tejer en el "sentido contrario". Se supone que los puntos lucirán algo desparejos y se verán diferentes. Siga las instrucciones para el medio punto pero en lugar de insertar la aguja en el lugar usualmente usado, ir hacia atrás un punto o un espacio y colocar el ganchillo en ese lugar. Esta forma una gran terminación.

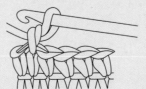

Media vareta (mv)

Laz, inserte el ganchillo dentro del próximo punto, laz y haga un lazo a través del punto, laz y tire a través de los 3 lazos sobre el ganchillo.

Vareta simple (vs)

Laz, inserte la aguja en el próximo punto, laz y haga un lazo a través del punto, laz y tire a través de los 2 lazos sobre el ganchillo, laz y tire a través de los 2 lazos que quedan sobre el ganchillo. Se puede visualizar sobre la vareta un lazo diagonal que indica que se ha realizado una lazada al comienzo del punto. Ahora puede notar mirando el punto que es una vareta simple.

Vareta doble (vd)

Dar dos lazadas, insertar el ganchillo dentro del punto siguiente, hacer una lazada y pasarla a través del punto, hacer una lazada y pasarla nuevamente por los dos lazos sobre la aguja, hacer una lazada y pasarla por los dos lazos por tercera vez. Se puede visualizar sobre la vareta dos lazos diagonales que indican que se han realizado dos lazadas al comienzo del punto. Ahora puede notar mirando el punto que es una vareta doble.

   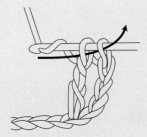

Vareta triple (vt)

Dar tres lazadas, insertar el ganchillo dentro del punto siguiente, hacer una lazada y pasarla a través del punto, hacer una lazada y pasarla nuevamente por los dos lazos sobre la aguja, hacer una lazada y pasarla nuevamente por los dos lazos sobre la aguja, hacer una lazada y pasarla por los dos lazos por cuarta vez. Se pueden visualizar sobre la vareta tres lazos diagonales que indican que se han realizado tres lazadas al comienzo del punto. Ahora puede notar mirando el punto que es una vareta triple.

VARETAS POR DELANTE Y DETRÁS

Todas las varetas pasadas por delante y por detrás se realizan normalmente como cualquier punto, excepto por donde se inserta el ganchillo al comienzo del punto. Usualmente, cuando inserta el ganchillo para comenzar un punto, se lo hace por los dos lazos que se encuentran por debajo. En las varetas pasadas por delante, se inserta el ganchillo por el frente de la labor, alrededor del cuerpo de la vareta indicada de derecha a izquierda, se da una lazada y se completa el punto de la manera habitual.

En las varetas pasadas por detrás, se inserta el ganchillo por la parte de atrás de la labor, alrededor del cuerpo de la vareta indicada de derecha a izquierda, se da una lazada y se completa el punto de la manera habitual. Las varetas pasadas por delante y por detrás pueden ser disminuidas como puntos normales: la única diferencia es que el punto está ubicado alrededor de los cuerpos de los puntos de la hilera inferior en lugar de estar ubicado sobre la cabeza de esos puntos.

Vareta simple pasada por delante (vsad)

laz, insertar el ganchillo desde adelante por detrás del siguiente punto, laz y pasarla por el lazo del ganchillo (laz y pasarla por los dos lazos del ganchillo) dos veces.

Vareta simple pasada por detrás (vsat)

laz, insertar el ganchillo desde atrás hacia adelante en el siguiente punto, laz y pasar por el lazo del ganchillo, (laz y pasarla por los dos lazos del ganchillo) dos veces.

Los grupos de puntos son muchos puntos disminuidos a 1 punto, que son ubicados en un mismo punto o espacio. Luego, hablaremos de disminución de puntos o de tejer juntos a los puntos, que es lo mismo que en los grupos, excepto porque cada punto se ubica en su propio punto o espacio. Habitualmente, los grupos se realizan con varetas simples, a pesar de que también pueden ser realizados con varetas dobles y triples. Un grupo puede estar conformado por cualquier número de puntos, pero típicamente se agrupan en un número impar: tres, cinco y (menos habitual) siete. Si en el patrón dice grupo sin ninguna otra explicación, se asume que es un grupo de tres varetas simples.

Grupo (gr)

(Si no es dada otra explicación, se asume que el grupo es de tres varetas simples)

Dar una lazada (laz), insertar el ganchillo en el punto o espacio (esp), dar una laz y pasarla a través del punto, laz y pasarla por los dos lazos del ganchillo (se ha completado la mitad del punto), laz, insertar el ganchillo en el mismo pto o esp, laz y pasarla por el lazo sobre el ganchillo, laz y pasarla por los dos lazos del ganchillo (se ha completado la mitad del segundo punto), insertar el ganchillo en el mismo pto o esp, laz y pasarla por el lazo sobre el ganchillo, laz y pasarla por los dos lazos del ganchillo (se ha completado la mitad del tercer punto), laz y pasar por los cuatro lazos sobre el ganchillo. Se ha completado un grupo.

Comenzando un grupo (com-gr)

El comienzo de un grupo se trabaja al comienzo de una vuelta o hilera y una cadena de 3 puntos se ubica en el lugar de la primera vareta simple para comenzar.

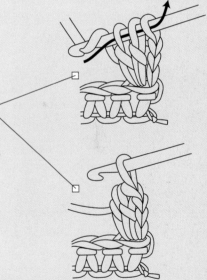

3 cad (cuenta como una vareta simple), laz, insertar el ganchillo en el mismo pto o esp, laz y pasarla por el lazo sobre el ganchillo, laz y pasarla por los dos lazos del ganchillo (se ha completado la mitad del segundo punto), insertar el ganchillo en el mismo pto o esp, laz y pasarla por el lazo sobre el ganchillo, laz y pasarla por los dos lazos del ganchillo (se ha completado la mitad del tercer punto), laz y pasar por los tres lazos sobre el ganchillo. Se ha completado el comienzo de un grupo.

Grupo de varetas dobles (gr-vd)

*laz dos veces, insertar el ganchillo en el pto indicado, laz y pasarla por el lazo sobre el ganchillo (laz y pasar por los dos lazos del ganchillo) dos veces; repetir desde *dos veces más, laz y pasarla por los cuatro lazos sobre el ganchillo.

Comenzando un grupo de varetas dobles (com – gr – vd)

4 cad (cuenta como una vareta doble), *laz dos veces, insertar el ganchillo en el espacio indicado, laz y pasarla por el lazo sobre el ganchillo, (laz y pasarla por los dos lazos del ganchillo) dos veces, repetir desde * una vez más, laz y pasar por los tres lazos sobre el ganchillo.

¡Aumentar es fácil! Probablemente lo hayas hecho accidentalmente. Cuando hay más de un punto completo en un mismo lugar, eso aumenta el número de puntos en la hilera o vuelta. Las esquinas son ejemplos de lugares donde hay aumentos. En muchos de los motivos de este libro, una esquina se realiza colocando 3 puntos en el espacio de la esquina, aumentando dos puntos con respecto a la vuelta previa. No existe una abreviatura específica para los aumentos.

PUNTOS DISMINUIDOS

Como se explica en la sección de los grupos, muchos puntos pueden ser disminuidos o trabajados juntos en uno solo. En ocasiones, usted leerá la abreviatura dism – vs ó 2vsj para la disminución de dos varetas simples en una sola. Cuando lea dism – vs, que es la forma tradicional de expresar la disminución, disminuya sólo un punto. 3vsj o 4vsj son las maneras de disminuir 3 o 4 puntos a uno solo, respectivamente. De manera similar, otros puntos pueden ser disminuidos. 2mpj significa que se deben tejer juntas dos medias varetas en un solo punto. 3vsj significa que se deben tejer juntas 3 varetas simples en un solo punto. Para que la disminución se concrete, inserte el ganchillo para hacer la segunda mitad del punto en el próximo punto o espacio… no en el mismo punto como se hace al tejer un grupo.

Disminución de medios puntos (2mpj)
(Insertar el ganchillo en el próximo pto o espacio (esp), laz y pasar un lazo a través del punto) dos veces, laz y pasar por los tres lazos del ganchillo.

Disminución de varetas simples (2vsj)
Laz, insertar la aguja en el siguiente pto ó espacio (esp) laz y pasar un lazo a través del punto, laz y pasar por los dos lazos del ganchillo (mitad del punto recién hecho), laz, insertar la aguja en el próximo pto ó esp, laz y pasar un lazo a través del punto, laz y pasar por los dos lazos del ganchillo, (mitad del segundo punto recién hecho), laz y pasar por los tres lazos del ganchillo. Las dos varetas simples son ahora 1 pto, y el número de puntos se disminuyó en un pto.

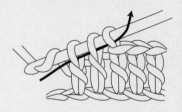

Disminución de varetas dobles (2vdj)
(Laz 2 veces, insertar la aguja en el siguiente pto, laz y pasar un lazo a través del punto, laz y pasar por los dos lazos del ganchillo, laz y pasar por los dos lazos del ganchillo nuevamente) dos veces, laz y pasar por los tres lazos del ganchillo. Las dos varetas dobles se disminuyeron en 1 pto, y el número de puntos se disminuyó en un pto.

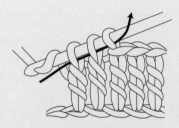

Disminución de varetas triples (3vdj)
Laz 2 veces, insertar la aguja en el siguiente pto ó espacio (esp), laz y pasar un lazo a través del punto, laz y pasar por los dos lazos del ganchillo, laz y pasar por los dos lazos del ganchillo nuevamente, (mitad del pto recién hecho), laz dos veces, insertar la aguja en el siguiente pto ó esp, laz y pasar por el pto del ganchillo, laz y pasar por los dos lazos del ganchillo nuevamente (mitad del segundo pto recién hecho), laz 2 veces, insertar la aguja en el siguiente pto ó esp, laz y pasar por el pto del ganchillo, laz y pasar por los dos lazos del ganchillo nuevamente (mitad del tercer pto recién hecho), laz y pasar por los cuatro lazos del ganchillo. Tres varetas dobles se disminuyeron en 1 pto. El número de puntos para la hilera o vuelta se disminuyó en dos puntos.

La mayoría de los puntos popcorn se realizan completando puntos en un punto único. Luego de que todos los puntos necesarios (normalmente 3 ó 5 vs) son tejidos en el mismo punto, se unen removiendo la aguja del último pto, insertándolo en la punta del primer pto y la punta del último pto del grupo, pasando a través de ambos puntos el hilado con el cuál se está trabajando. Este procedimiento hace que los puntos se unan en forma compacta y sobresalgan de la suérficie del tejido.

Punto popcorn (pop)

Para los patrones en este libro, la sección de puntos especiales especifica cómo hacer el punto popcorn esecialmente para ese patrón. Generalmente, los puntos popcorn son muchos puntos completos del mismo tipo en el mismo punto ó espacio. Si el patrón indica un popcorn de 5 vs, realice una vs en el siguiente pto, luego otro en el mismo pto, luego otro, hasta que haya completado 5 vs en el mismo pto. Ahora viene la parte difícil… remover suavemente la aguja del lazo restante, insertar la aguja libre de lazos a través de ambas hebras de la 1era vs de las 5 recién hechas, tomar el lazo dejado anteriormente, laz y pasar el hilado a través del lazo de la aguja. Generalmente las instrucciones para el punto popcorn son seguidas por 1 cad ó 2 cad. Permita que la maraña de 5 varetas simples aparezca hacia adelante en la superficie del proyecto.

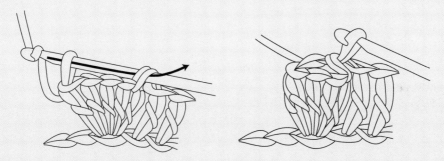

Comenzando el porcorn (com pop)

Usando el ejemplo de arriba, la primera de las cinco varetas simples se reemplaza por las 3 cad tradicionales. Esto se usa al comienzo de la hilera ó vuelta. Continuar con el punto colocando los puntos restantes en el mismo punto ó espacio y uniéndolas como se describe arriba. Para un com pop de 5 vs, usted deberá trabajar 3 cad, 4vs en el mismo pto, luego proceda como en un pop corn normal.

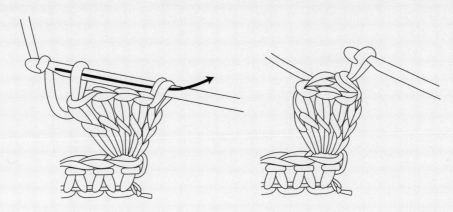

21

Crear tus propios diseños

Ya sea que quieras crear ru propia manta por diversión o para ganar dinero, las siguientes páginas te ayudarán a tomar las decisiones que la harán única y distintiva. Los diseños de este libro servirán de inspiración para comenzar de cero tus propios proyectos.

¿POR QUÉ DESVIARSE DE LOS PATRONES?

¿Y por qué no? Yo pienso en el crochet como un juego, es divertido y no tiene que ser caro. Hacer crochet es como pintar una habitación de tu casa: si no te gusta, la vuelves a pintar; de igual manera, si no te gustan los colores o un motivo en particular, puedes elegir cualquier otro.

Cuando realizas una manta para tí misma, no hay reglas. Con las prendas, debes tratar de elegir una forma y un color que sean sentadores y se ajusten a la forma y al tipo de tu cuerpo. Pero con una manta, puedes seguir adelante y elegir amarillo aunque no combine con tu color de piel. ¡Puedes elegir violeta fosforescente si quieres!

Obviamente, mucha gente ama la estructura de un patrón. Luego de un día estresante de hacer elecciones que impactan sobre la salud y el futuro de nuestras familias, es lindo seguir instrucciones sin cuestionarse. Existe mucha satisfacción, relajación y beneficios al tejer con un patrón. Y sólo sabes que encontraste uno bueno de verdad cuando lo haces una y otra vez.

Ser capaz de expresarse con el crochet con los colores y formas es divertido y para muchas es la única manera de ser creativa en el día. No debes complacer a nadie más que a tí misma.

ESTABLECIENDO OBJETIVOS

Cuando planifico un diseño, comienzo con varios objetivos en mi mente:

- ¿Qué proyecto resultará?
- ¿Dónde será usado?
- ¿Para quién es?
- ¿Cómo será utilizado?

Las respuestas a estas preguntas me ayudan a tomar decisiones para comenzar el proyecto. Si estoy tejiendo una manta de bebé para un baby shower, elegiré un hilado diferente al que elegiría para tejer una manta de regalo de bodas. Si estoy tejiendo una manta para unos conocidos que viven en un clima helado, elegiré un hilado más pesado que para los amigos que viven en el desierto.

Piensa en tus clases de arte del colegio. Probablemente hayas discutido los conceptos de repetición, variedad, textura, unidad, equilibrio y simetría. Los mismos conceptos aplican sobre el lienzo blanco de una manta. Con eso en mente, diseña tu propia manta para que incluya:

- Repetición de puntos.
- Variación de color (un poco, ¡o mucho!)
- Variación de espacios (un equilibrio entre agujeros y áreas cubiertas).
- Profundidad entre primer plano, plano medio y fondo.

ELEGIR EL COLOR

Cuando tomamos decisiones para un diseño, el color es de las primeras elecciones. Siempre considero lo siguiente:

- ¿Dónde se ubicará el proyecto?
- ¿Tiene que combinar con la decoración de alguien?
- ¿Cuáles son los colores favoritos de quien lo recibirá?
- El hilado que elegí, ¿se vende en esos colores?

Quizás tú poseas un sentido innato del color o quizás, como tantos otros, debas trabajar sobre eso. Yo tuve que trabajar sobre eso, y tengo algunos trucos para tí que aprendí a lo largo del camino.

Primero, elige un color principal que desees y comienza ahí. El color principal de tu manta puede ser el punto focal. Luego, me gusta elegir un color que contrastará de manera importante con el color principal. Puedes usar un círculo cromático que te ayude a encontrar los colores complementarios que usarás en tu manta.

Digamos que usas violeta como tu color principal. Puedes elegir colores adicionales en cualquiera de los siguientes esquemas:

- **Esquema de colores complementarios:** elige un color que sea opuesto a tu color principal en el círculo cromático (ej: amarillo).
- **Esquema de colores análogos:** elige los colores que estén cercanos a tu color principal en el círculo cromático (ej: rojo y negro).
- **Esquema de colores complementarios divididos:** elige los colores cercanos al color complementario del color principal (por ej: verde y naranja).

Elegir colores es casi lo más divertido de crear un proyecto. Me encantaría decirte que tomes tu círculo cromático y elijas un esquema de colores de renombrados artistas, pero no puedo. La realidad es que no todos los hilados se encuentran en todos los colores. La buena noticia es que el círculo cromático contiene mucha información útil que puede guiarte.

Colores complementarios

Colores análogos

Colores complementarios divididos

COORDINANDO COLORES

Al elegir un color principal para trabajar, luego se puede unificar una manta hecha con restos. Ese color debe combinar con los colores de los restos. Buenas elecciones para unificar restos pueden ser el color crema, gris oscuro o claro, negro, blanco, azul o marrón.

El color principal puede ser utilizado para las uniones, las terminaciones o para la parte central de cada motivo.

Otra manera de unificar el proyecto al usar muchos colores es usarlos a todos ellos en la misma gama. Cuando hay un contraste fuerte entre los colores (diferentes gamas), puedes entrecerrar los ojos y los colores se verán borrosos, pero se distinguirán los cambios de colores. Cuando todos los colores son de la misma gama, al entrecerrar los ojos se verán mezclados.

Otro truco sencillo para determinar si los colores combinan entre sí es tomar una hebra de 8 pulg (20 cm) de cada color, sostenerlas juntas y retorcerlas. ¿Son agradables a la vista al sostenerlos así? ¿O sobresalen y parecen no pertenecer al grupo?

Otra buena noticia es que las empresas de hilados han hecho gran parte del trabajo para ti. A menudo, los directores creativos de una empresa de hilados han trabajado muy duro para producir colores que combinen entre sí.

Pero si eres de esas personas super habilidosas que hila o tiñe su propio hilado, puedes realizar tu propio esquema de colores. La mayoría de nosotros estamos limitados por los que ofertan los fabricantes en el mercado.

Diseñadores de telas, papeles y decoración han hecho mucho por nosotros con la investigación de los colores a través de los años. Para inspirarte, observa los papeles de envolver, los estampados, dibujos de pájaros y animales. Observa los colores en revistas de decoración de interiores y de moda y también los anuncios. Al mirar todo esto, observa la proporción de los colores del papel o la tela. ¿Cuánto representa cada color? El color, ¿está representado por una variedad de gamas del mismo color?

Las preferencias de color son tan diferentes como cada persona. La mayoría arranca con lo que les gusta. Si estás insegura, ¡haz un muestrario!

UBICACIÓN DE LOS COLORES

Al elegir dónde se ubicará cada color en el motivo, me gusta colocar el color dominante en el centro del motivo o, también, utilizar el color dominante en la vuelta que posea más textura. ¡O tal vez ambos! Coloca un color claro al lado del color dominante, para que no compitan entre ambos. En los proyectos, el foco deberá centrarse sobre:

- El centro mismo del proyecto o motivo.
- El lugar donde hay mayor contraste (allí donde se encuentran el color más claro y el más oscuro).
- Donde se encuentre la textura más interesante.

Enfatiza las texturas creando contrastes cerca de ellas y colocando el color dominante en las áreas texturadas.

DISTRIBUCIÓN DE LOS MOTIVOS

Los motivos pueden distribuirse de cualquier manera aunque, ¿cómo determinarlo antes de tejer cientos de motivos y comprar kilos de hilado? La respuesta es comprar un ovillo de cada uno de los colores que estés considerando. Y luego, ¡hacer muestras, muestras y muestras! Haz muestras en una variedad de esquemas de colores diferentes. Luego, toma una foto digital de cada una. Copia y pega las fotos una cerca de la otra en un software de edición de fotos, de manera que puedas imaginar cómo quedará el proyecto terminado cuando los motivos se multipliquen y se coloquen juntos.

RELLENOS

Luego de unir los motivos, cierta distribución de los mismos deja espacios que necesitan ser rellenados con motivos pequeños. Mientras trabajas la última vuelta del motivo de relleno, únelo al proyecto terminado. La última vuelta quedará fijada al motivo en sí y a sus vecinos más grandes, normalmente con un punto deslizado o un medio punto. Observa cuidadosamente los motivos del libro, trata de imaginarlos solamente con las primeras dos o tres vueltas: este será el tamaño y forma correctos para actuar como relleno.

COMPRAR HILADOS

Una vez que hayas hecho las muestras y tal vez jugado con la distribución en la computadora, necesitarás comprar el hilado. Como ya sabes qué cantidad de motivos necesitarás y has realizado las muestras y determinaste qué hilado emplearás, tienes toda la información necesaria para comprar el hilado.

Desteje en forma independiente cada uno de los motivos a utilizar. Mide en yardas cuánto hilado necesitas para cada motivo multiplicado por la cantidad de motivos necesarios para completar el proyecto.

Observa la cantidad de yardas en la etiqueta de cada ovillo y calcula cuántos motivos pueden ser tejidos de un ovillo en ese color. Luego, agrega un ovillo adicional del color elegido para unir los motivos.

¡No olvides la terminación! ¿Tienes una terminación en mente? Agrega un ovillo de cada color que se usará en las vueltas de terminación.

Si utilizas diferentes hilados en tu proyecto, asegúrate que sean de la misma fibra, ya que requieren los mismos cuidados de lavado. No querrás mezclar lana y algodón en una misma manta. En el lavado, la lana se afieltra y el algodón encoge un poco. En otras palabras, ¡puede quedar despareja!

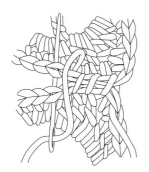

Unión de sobrehilado

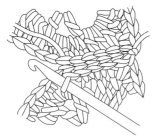

Unión con pto desl

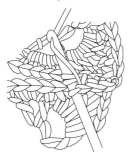

Unión con mp (a través de 1hebra)

Unión con mp (a través de ambas hebras)

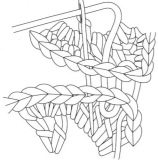

Unión con pto hilván

UNIÓN

El método para unir que se elija puede transformar en extraordinaria cualquier manta. Hay métodos standard de unión, pero siéntete libre para crear uno propio.

- **Sobrehilado:** El sobrehilado es un método muy fácil de unión. Puedes reconocerlo como un punto que queda a lo largo de las costuras. Con el derecho de la labor o con el revés de la misma enfrentados, se deben hacer coincidir los puntos. Con una aguja de coser lana y una hebra del hilado que quieras, coser los motivos entre sí. Cose a través de la hebra externa o de la hebra interna solamente, o a través de ambas hebras... ¡tú decides! Deja un sobrante de hebra para coser por encima o rematar. Inserta la aguja desde atrás por las hebras deseadas de los puntos hacia el frente de ambos motivos. Permite que el hilado se envuelva en el borde cuando lleves la aguja hacia atrás, y llévalo nuevamente al frente.

  Cuando sobrehilas los motivos con el derecho de la labor enfrentado y coses solamente por la hebra externa podrás ver un reborde en el que las hebras internas no son utilizadas. Si los motivos están sobrehilados enfrentando el revés de cada uno entre sí a través de las hebras externas solamente, el reborde será visible en el revés de la manta. Si los motivos están sobrehilados por ambas hebras de los puntos, ningún reborde será visible.

- **Crochet:** El crochet es la manera más divertida de unir los motivos. Usa la misma medida de aguja que usó para el proyecto y une los motivos con punto deslizado ó con medio punto. No hay razón para no utilizar algún otro punto para la unión como punto cangrejo u otro punto. Haz de los puntos un elemento de diseño perimitiendo que los mismos se vean en el frente de la manta. Usa un color contrastante para enfatizar las formas de los motivos.

- **Unión a medida que tejes:** Para quienes tienen terror de unir motivos, el método de unión a medida que se teje es uno de los mejores. Para unir de esta manera, el nuevo motivo es unido al previo cuando la hilera final está terminada. De esta manera, cada motivo se une cuando está terminado. Si prefieres el proceso de tejido de los motivos en serie, completa los motivos excepto la última hilera. Luego, cuando se trabajen las últimas hileras, se unirán y ¡voilá! Estarán listos antes de que lo notes.

- **Punto hilván:** En este método, ubica los motivos en forma plana con el mismo lado hacia arriba. Con una aguja de coser lana y el hilado elegido, cose los motivos entre sí haciendo que los lados se unan.

BORDE

El borde de una manta vincula todos los motivos y enmarca al proyecto. Al igual que el marco de una pintura, el borde puede tanto complementar como darle una terminación al proyecto, o puede distraer y llevarse toda la atención. Aún cuando sigas las explicaciones del patrón de un libro, siempre puedes cambiar el borde si lo deseas, del mismo modo que puedes modificar los colores.

Debido a que adoro los motivos y empleo mucha energía en hacerlos, generalmente no busco un borde para que compita con la parte interna. De igual forma, generalmente elijo dejar la inusual forma de los octógonos en la manta para que quede irregular, como en "Reflejo de Sol". Esto permite que la forma del octógono se mantenga y se enfatice.

En algunos proyectos, la mejor elección es rellenar los huecos con medios motivos para lograr un borde recto. ¡Es tu elección! También puedes optar por un borde más vistoso. Para crear unidad es adecuado repetir los colores y los puntos usados en los motivos de la manta.

Debes haber notado que algunas "quilters" gustan de "cortar" el borde e incluir el diseño dentro del quilt. De la misma manera, me agrada que los bordes se integren a mis motivos. El proyecto "Panqueques de arándanos" es un ejemplo de cómo esto puede ser llevado a cabo.

Independientemente de si el borde elegido es simple o elaborado, generalmente elijo hacer la primera hilera con el mismo color de la última hilera del motivo. Esta primera parte del borde ayuda en las uniones y crea una suave terminación para las hileras subsiguientes. Además, si te equivocas, la primera hilera de borde puede ayudarte a suavizar cualquier aspereza. Observa el correcto número de puntos de la primera hilera y el resto será como navegar suavemente.

27

CAPÍTULO 2

Motivos en marcha

Los motivos son portátiles, divertidos, convenientes y perfectos para quien le gusta tejer en lugares poco comunes, como un juego de básquetbol, en los aviones, en la sala de espera del médico y antes de las clases de gimnasia.

Pero cada motivo de este libro es muy especial porque está diseñado para combinar con cualquier otro motivo de este libro. Cada lado de cada triángulo, cuadrado y hexágono tiene 13 puntos (si se cuentan las esquinas, como lo hago yo). Los rectángulos tienen 13 puntos en los lados cortos y 15 puntos en los lados largos. Algunos de los octágonos tienen 13 puntos en cada lado y otros tienen bordes irregulares que son perfectos para realizar la unión a medida que tejes.

Cualquiera sea la combinación elegida, con un poco de delicadeza, todos pueden unirse entre sí. Usa estos motivos fácilmente intercambiables para inventar y crear tus propios y fabulosos proyectos. Con este libro, un poquito de tiempo y tus hilados favoritos, puedes lograr hermosos y perdurables proyectos ¡mientras estás en marcha!

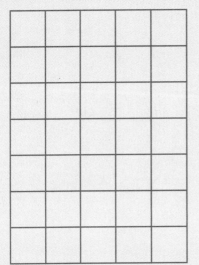

Diseño en grilla

Diseño de ladrillos

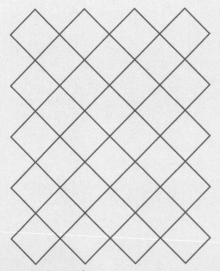

Diseño diagonal

CUADRADOS

Los cuadrados son importantes en el crochet: verdaderos bloques de construcción de donde parten muchas otras formas. Si puedes hacer un cuadrado, entonces puedes unir varios de ellos para lograr carteras, gorros, sweaters, ponchos, mantas, posavasos y bufandas... las posibilidades son ilimitadas.

Los cuadrados son particularmente atractivos debido a que pueden unirse fácilmente. Son lógicos y ordenados, pero también resultan salvajes e interesantes. Coloca varios cuadrados del mismo motivo en un proyecto, como en la manta "Abundancia de flores", y realmente harán la diferencia. Cambia sólo un motivo de la fila y el proyecto adquirirá un nuevo interés. Acomodalos como ladrillos, deja los bordes desparejos o conviértelos en una diagonal, y el resultado final cambiará.

¡No subestimes el potencial de un simple diseño cuadrado!

31

Charcos de lluvia
Dificultad: Principiante | Medidas finales: 4" (10cm)

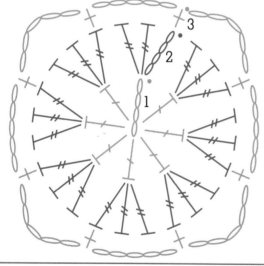

La letra de una canción de Blind Melon que se llama *No Rain* habla sobre los charcos de lluvia. El diseño de este motivo me recuerda a esa bella canción.

PARA COMENZAR

HILADO
• Hilado semigrueso en 2 colores diferentes (A y B).

El motivo mostrado a la izquierda fue realizado con Universal Yarn Classic Worsted (80 % acrílico, 20% lana, ovillos de 3.5 oz/100g/197 yd/180 m) en color 7113 dazzling blue (A) y 637 light blue (B).

AGUJA
• Aguja de crochet medida K/ 10 ½ (6.5 mm) o cualquier otra medida para obtener la muestra.

MUESTRA
• Hileras 1-2 del patrón= 3"(8cm)

Motivo

Nota: todas las hileras están trabajadas del DL

Con color A, 4 cad.

HILERA 1: 7vs en la 4ta cadena desde la aguja, unir con pto desl en la 4ta cad de las 4 cad del comienzo – 8vs. Cerrar.

HILERA 2: Unir B en con pto desl en cualquier pto, 4 cad, (cuenta como vareta doble) 2 vd; 3vd en los siguientes 7 ptos; unir con pto desl en el extremo de las 4 cad de comienzo –24 vd. Cerrar.

HILERA 3: Unir A con un medio punto en cualquier pto; *5 cad, saltear 2 ptos, mp en el próximo pto; repetir desde *6veces màs, 5 cad; unir con un pto desl en el primer mp—8mp, 8esp de 5cad. Cerrar.

Terminación

Rematar las hebras.

Mezclar con estos motivos:

Parche floral

Hierro forjado

Acapulco

Atardecer púrpura

Huella dactilar

Ojalitos

Dificultad: Intermedia | Medidas finales: 4½" (11cm)

Cuando este motivo vió la luz, los pétalos de la flor me parecieron ojales de algodón en relieve.

PARA EMPEZAR

HILADO

• Hilado semigrueso en 2 colores diferentes (A y B).

El motivo mostrado a la derecha fue realizado en TLC Essentials (100% acrílico, ovillos de 6oz/170g/312 yd/285 m) en colores 2220 (A) y 2680 (B).

AGUJA

• Aguja de crochet medida K/ 10 ½ (6.5 mm) o cualquier otra medida para obtener la muestra.

MUESTRA

• Hileras 1-2 del patrón= 2 ½ "(6cm)

Motivo

Nota: todas las hileras están trabajadas del DL

Con A, 5cad, unir en con pto desl para formar un anillo.

HILERA 1: 1cad, 8mp en el anillo; unir con pto desl en el primer mp, no cerrar – 8 mp.

HILERA 2: 1cad, mp en el mismo pto; *4cad, mp en el próximo pto; repetir desde * 6 veces más; 4cad, pto desl en el primer mp – 8mp, 8esp de 4cad. Cerrar.

HILERA 3: Unir B con pto desl desde atrás hacia adelante hacia atrás nuevamente alrededor del cuerpo de cualquier mp; 6 cad (vale como vs más 3 cad); *vsat alrededor del próximo pto, 3 cad; repetir desde * 6 veces más; unir con un pto desl en la 3er cad del comienzo de 6cad, no cerrar –8 vsat, 8 esp de 3cad.

HILERA 4: 3cad, 2vs en el mismo pto; *3vs en el próximo esp de 3 cad, vs en el próximo pto, 3vs en el próximo esp de 3 cad**, 3 vs el próximo pto; repetir desde * 2 veces más; repetir desde * hasta ** una vez más; unir con pto desl en el extremo de las 3 cad de comienzo –40vs. Cerrar.

HILERA 5: Unir A con mp en la vs central de cualquier esquina de 3vs, 2mp más en el mismo pto; vd en el esp de 4 cad que está directamente abajo en la hil 2, saltear el mp que está inmediatamente detrás de la vd recién tejida, mp en cada uno de los 7 ptos siguientes, vd en el esp de 4 cad que está directamente abajo en la hil 2**, saltear el pto detrás de la vd recién hecha, 3 mp en el siguiente pto, repetir desde * 2 veces más; repetir desde * hasta ** una vez,; unir con pto desl en el 1er mp –8vd, 40 mp. Cerrar.

Terminación

Rematar las hebras.

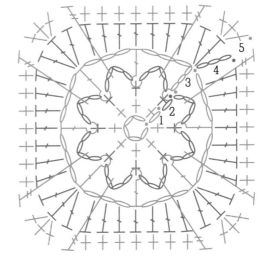

Mezclar con estos motivos:

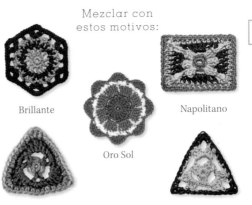

Brillante

Napolitano

Oro Sol

Triángulo flotante

Fantástico

Cuadrado de Oscar
Dificultad: Intermedia | Medidas finales: 4" (10 cm)

De pequeña, tuve un muñeco de Plaza Sesamo de Oscar el Gruñón, que vivía en una taza vacìa de café. Pienso que si Big Bird se parara en el porche de su casa, esta podría ser su impresión sobre Oscar en su bote de basura.

PARA EMPEZAR

HILADO

• Hilado semigrueso en dos colores diferentes (A y B).

El motivo mostrado a la izquierda fue realizado en Bernat Satin (100% acrílico, ovillos de 3.5 oz/100g/163 yd/149 m) en colores 04221 (A) y 04203 (B).

AGUJA

• Aguja de crochet medida K/ 10 ½ (6.5 mm) o cualquier otra medida para obtener la muestra.

MUESTRA

• Hileras 1-2 del patrón= 3"(8cm)

PUNTOS ESPECIALES

• had (s): hebra (s) de adelante

• hatr (s): hebra (s) de atrás

Motivo

Nota: todas las hileras están trabajadas del DL.

Con A, 4 cad, unir en con pto desl para formar un anillo.

HILERA 1: 3cad (cuenta como una vareta), vareta en el anillo, 3 cad; *2 vs, en el anillo, 3 cad; repetir desde * 2 veces más; unir con pto desl en el extremo de la primera vareta de 3 cad, no cerrar – 8 vs y 4 esp de 3 cad.

HILERA 2: 1 pto desl en el próximo pto; 2 cad, 8 vs en el esp de 3 cad, 2 cad, pto desl en cada uno de los 2 ptos siguientes; repetir desde * 3 veces más omitiendo el último pto desl; 32 vs, 8 ptos desl, y 8 esp de 2 cad. Cerrar.

HILERA 3: Unir B con mp solamente por la hatr de la primera var de cualquier grupo de 8 vs, mp en hatr de los siguientes 3 ptos, 3 cad, mp en los próximos 4 ptos, saltear los ptos desl y los espacios de cad; *1 cad, mp en mp en hatr de los siguientes 4 ptos, 3 cad, mp en mp en hatr de los siguientes 4 ptos; repetir desde * 2 veces más, 1cad, saltear los ptos desl y los espacios de cad; unir con un pto desl en el 1er mp, no cerrar –32 mp, 4 esp de 1 cad y 4 esp de 3 cad.

HILERA 4: 1 cad, trabajando en ambas hebras de los ptos, mp en cada uno de los próximos 4 ptos; *3 mp en el esp de 3 cad, mp en cada uno de los próximos 9 ptos; repetir desde * 2 veces más, 3 mp en el esp de 3cad, mp en cada uno de los últimos 5 ptos, unir con pto desl en la punta del primer mp –48mp. Cerrar.

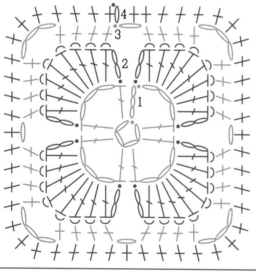

34

Mezclar con estos motivos:

Cereza

Diversión aterradora

Bisealdo

Centelleo

Camafeo

Cereza
Dificultad: Intermedio | Medidas finales: 4½" (11cm)

Cuando era pequeña y no podía comprar regalos, me hubiera gustado adquirir cajas de cerezas con chocolate para mi papá. Aunque nunca me interesaron mucho los dulces, siempre me gustó el helado de cereza.

PARA EMPEZAR

HILADO

• Hilado semigrueso en dos colores diferentes (A y B).

El motivo mostrado a la derecha fue realizado usando en TLC Essentials (100% acrílico, ovillos de 6 oz/ 170g/ 312 yd/ 285 m) en color 2690 fusion (A) y Lion Brand Vanna's Choice (100% acrílico, ovillos de 3 ½ oz/ 100 g/ 170 yd/ 156 m) en color 140 dusty rose (B).

AGUJA

• Aguja de crochet medida K/ 10 ½ (6.5 mm) o cualquier otra medida para obtener la muestra.

MUESTRA

• Hileras 1-2 del patrón= 2 ½ "(6cm)

Motivo

Nota: todas las hileras están trabajadas del DL

Con A, 4 cad, unir en con pto desl para formar un anillo.

HILERA 1: 1cad, 8 mp en el anillo; unir con pto desl en el primer mp, no cerrar – 8 mp.

HILERA 2: 3 cad (cuenta como una var), 2 vs en el mismo pto; *4 cad, saltear 1 pto, 3 vs en el próximo pto, repetir desde *2 veces, 4 cad, saltear 1 pto, unir con 1 pto desl en el extremo de las 3 primeras cad –12 vs, 4 esp de 4 cad. Cerrar.

HILERA 3: Unir B con 1 pto desl en cualquier esquina de 4 cad, comenzar el gr en el mismo espacio, (2cad, gr) dos veces en el mismo espacio, 2 cad; *mp en los próximos 3 ptos, 2 cad; (gr, 2 cad) tres veces en el próximo esp de 4 cad, repetir desde * dos veces, mp en los últimos 3 ptos, 2 cad; unir con un pto desl en la punta del primer gr –12 gr, 12 mp, 16 esp de 2 cad. Cerrar.

HILERA 4: Unir A con 1 mp en el gr central de cualquier esquina de 3 gr, 2 mp en el mismo pto; *2 mp en el próximo esp de 2 cad, mp en el próximo gr, 3 cad, saltear los próximos 2 esp de 2 cad, mp en el próximo gr, 2mp en el esp de 2 cad**, 3 mp en el próximo gr; repetir desde * 2 veces más; repetir desde * hasta ** una vez, unir con pto desl en el primer mp – 36 mp, 4 esp de 3 cad. Cerrar.

Terminación

Rematar todas las hebras.

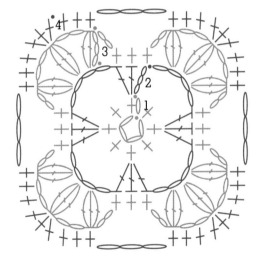

Mezclar con estos motivos:

Fogata

South Beach

Cosecha

Pensamiento púrpura

Biselado

Parche floral
Dificultad: Intermedio | Medidas finales: 4¼" (11cm)

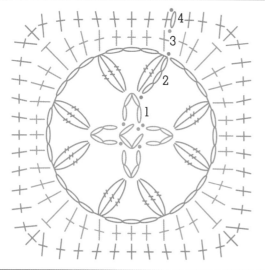

Este motivo parece una flor, y un manojo de ellos se asemeja a un parche floral. A este motivo le puso su nombre nuestra hija, y es brillante y vivaz, al igual que ella!

PARA EMPEZAR

HILADO

• Hilado semigrueso en dos colores diferentes (A y B).

El motivo mostrado a la izquierda fue realizado usando en TLC Essentials (100% acrílico, ovillos de 6 oz/ 170g/ 312 yd/ 285 m) en color 2820 robin egg (A) y Red Heart Super Saver (100% acrílico, ovillos de 7 oz/ 198 g/ 364 yd/ 333 m) en color 256 carrot (B).

AGUJA

• Aguja de crochet medida K/ 10 ½ (6.5 mm) o cualquier otra medida para obtener la muestra..

MUESTRA

• Hileras 1-2 del patrón= 3 ½ "(9cm).

PUNTOS ESPECIALES

• gr de vd: grupo de varetas dobles.

• com gr de vd: comienzo de grupo de varetas dobles.

Motivo

Nota: todas las hileras están trabajadas del DL.

Con A, 3 cad, unir en con pto desl para formar un anillo.

HILERA 1: (4cad, pto desl) 4 veces en el anillo; unir con pto desl en el primer pto desl –4 esp de 4 ptos, 4 ptos desl. Cerrar.

HILERA 2: Unir B con 1 pto desl en cualquier esquina de 4 cad, (com gr de vd, 3 cad, vd en el mismo esp), 3 cad; *(gr de vd, 3 cad, gr de vd) en el próximo esp de 3 cad, 3 cad; repetir desde *2 veces más; unir con 1 pto desl en el extremo del gr de comienzo –8 gr de vd, 8 esp de 3 cad. Cerrar.

HILERA 3: Unir A con 1 mp en el gr de comienzo previamente cerrado; *3 mp en el esp de 3 cad, mp en el próximo gr, (2mp, mv, 2mp) en el próximo esp de 3 cad, **, mp en el próximo gr; repetir desde * 2 veces más; repetir desde * hasta ** una vez; unir con pto desl en el primer mp, no cerrar –4 mv, 36 mp.

HILERA 4: 1 cad, mp en el mismo pto, mp en los próximos 6 ptos; *3 mp en la mv, mp en los próximos 9 mp, repetir desde * 2 veces más, 3 mp en la próxima mv, mp en los últimos 2 ptos, unir con pto desl en el primer mp –48 mp. Cerrar.

Terminación

Rematar las hebras.

Mezclar con estos motivos:

Gerbera

Vintage

Fantástico

El último arándano

Medallón octogonal

Respaldo
Dificultad: Intermedia | Medidas finales: 3½" (9cm)

Este motivo me recuerda a un elaborado respaldo de silla antigua. Es un llamado a mi historia como profesora de historia del mueble.

PARA EMPEZAR

HILADO
• Hilado semigrueso en dos colores diferentes (A y B)

El motivo mostrado a la derecha fue realizado usando Caron Simply Soft (100% acrílico, ovillos de 6 oz/ 170g/ 315 yd/ 288 m) en color 9710 country blue (A) y 9726 soft yellow (B).

AGUJA
• Aguja de crochet medida K/ 10 ½ (6.5 mm) o cualquier otra medida para obtener la muestra.

MUESTRA
• Hileras 1-2 del patrón= 2 ¾ "(7cm)

Motivo

Nota: todas las hileras están trabajadas del DL.

Con A, 3 cad, unir en con pto desl para formar un anillo.

HILERA 1: 1 cad, (mp, 5 cad) 4 veces en el anillo, unir con un pto desl en la punta del primer mp –4 esp de 5 cad. Cerrar.

HILERA 2: Unir B con 1 mp en cualquier esp de 5 cad; *2 cad, 2vsj colocando la primer pierna en el mismo esp de 5 cad y la segunda pierna en el siguiente esp de 5 cad, 2 cad**, mp en el próximo esp de 5 cad; repetir desde * 2 veces más, repetir desde * hasta ** una vez; unir con 1 pto desl en la punta del primer mp, no cerrar –4 mp, 4 x 2vsj, 8 esp de 2 cad.

HILERA 3: 1 cad, 3 mp en el primer pto, ; *3mp en el siguiente esp de 2 ptos, mp en el próximo pto, 3 mp en el siguiente esp de 2 cad**, 3 mp en el siguiente pto; repetir desde * 2 veces más repetir desde * hasta ** una vez más; unir con pto desl en el primer mp –40 mp. Cerrar.

HILERA 4: Unir A con un mp donde previamente se cerró, *3mp en el siguiente pto, mp en los siguientes 9 ptos; repetir desde * dos veces más, 3 mp en el próximo pto, mp en los últimos mp; unir con pto desl en el primer mp –48 mp. Cerrar.

Terminación

Rematar las hebras.

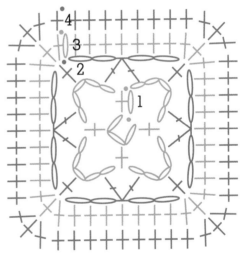

Mezclar con estos motivos:

Granny Octogonal

Napolitano

Sereno

Marea Roja

Día floreado

Gerbera

Dificultad: Intermedia | Medidas finales: 4½" (11cm)

Centelleante y alegre, este motivo me recuerda a una de mis flores favoritas... ¡la gerbera!

PARA EMPEZAR

HILADO

• Hilado semigrueso en dos colores diferentes (A y B)

Realizado con TLC Essentials (acrílico, ovillos de 6 oz/ 170g/ 312 yd/ 285 m) en color 2533 (A) y Red Heart Kids (acrílico, ovillos de 5 oz/ 141 g/ 290 yd/ 265 m) en color 2846 (B).

AGUJA

• Aguja de crochet medida K/ 10 ½ (6.5 mm) u otra medida para la muestra.

MUESTRA

• Hileras 1-2 del patrón= 3 ½ "(9cm).

Motivo

Nota: todas las hileras están trabajadas del DL.

Con A, 4 cad, unir en con pto desl para formar un anillo.

HILERA 1: 1 cad, 8 mp en el anillo; unir con un pto desl en el primer mp –8 mp. Cerrar.

HILERA 2: Unir B con 1 mp en cualquier pto, mp en el mismo pto; 2 mp en cada uno de los siguientes 7 ptos; unir con un pto desl en el primer mp –16 mp. Cerrar.

HILERA 3: Unir A con 1 mp en cualquier pto, 3 cad; (mp, 3 cad) en cada uno de los siguientes 15 ptos; unir con un pto desl en el primer mp –16 mp, 16 esp de 3 cad. Cerrar.

HILERA 4: Unir B con un mp en cualquier pto, 4 cad; *mp en el siguiente mp, 4 cad, repetir desde * 14 veces más; unir con un pto desl en el primer mp –16 mp, 16 esp de 4 cad. Cerrar.

HILERA 5: Trabajando en los ptos por debajo de la hil 4, unir A con 1 mp en cualquier esp de 3 cad de la hilera 3; * 6 cad, saltear todos los ptos de la hil 4, saltear 3 esp de 3 cad de la hil 3, mp en el siguiente esp de 3 cad de la hil 3; repetir desde *2 veces más, 6 cad; unir con un pto desl en el primer mp, no cerrar –4 mp, 4 esp de 6 cad. Cerrar.

HILERA 6: 3 cad (cuenta como una vs), 2vs en el mismo pto; *7 vs en el próximo esp de 6 cad, 3 vs en el próximo pto; repetir desde * 2 veces más, 7 vs en el próximo esp de 6 cad; unir con un pto desl al extremo de las 3 cad de comienzo –40 vs.Cerrar.

HILERA 7: Unir B con un mp en la vareta central de la esq de 3 vs, 2 mp en el mismo pto; *mp en los próximos 9 ptos, 3 mp en el próximo pto; repetir desde * 2 veces más, mp en los últimos 9 ptos; unir con un pto desl en el primer mp –48 mp. Cerrar.

Terminación

Rematar las hebras

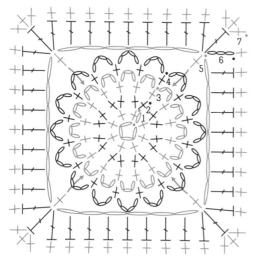

Mezclar con estos motivos

Charcos de lluvia

Paquete de regalo

Descentrado

Luz roja, luz verde

South Beach

Bayas

Dificultad: Intermedia | Medidas finales: 4" (10cm)

Este cuadrado le debe su nombre a mi ensalada de frutas favorita de verano, hecha con frutillas, arándanos y uvas rojas.

PARA EMPEZAR

HILADO

- Hilado semigrueso en dos colores diferentes (A y B)

El motivo mostrado a la derecha fue realizado usando Red Heart Super Saver (100% acrílico, ovillos de 7 oz/ 198g/ 364 yd/ 333 m) en color 528 medium purple (A) y Red Heart Eco-Ways (70% acrílico, 30 % polyester reciclado, ovillos de 4 oz/ 113 g/ 186 yd/ 170 m) en color 1615 lichen (B).

AGUJA

- Aguja de crochet medida K/ 10 ½ (6.5 mm) o cualquier otra medida para obtener la muestra.

MUESTRA

- Hilera 1 del patrón= 2" (5cm)

Motivo

Nota: todas las hileras están trabajadas del DL.

Con A, 4 cad, unir en con pto desl para formar un anillo.

HILERA 1: Com gr en el anillo, 3 cad, (gr, 3 cad) 3 veces en el anillo; unir con un pto desl en la punta del gr del comienzo –4 esp de 3 cad. Cerrar.

HILERA 2: Unir B con 1 mp en cualquier esp de 3 cad, * 3 cad, desl 1 pto en el mismo pto, (desl pto, 3cad, desl pto) en el siguiente gr**, desl pto en el siguiente esp de 3 cad; repetir desde * 2 veces más; repetir desde * hasta ** una vez más, unir con un pto desl en el primer pto desl –8 esp de 3 cad. Cerrar.

HILERA 3: Unir A con 1 mp en el esp de 3 cad de cualquier gr; *2cad, (2vs, vd, 2vs) en el siguiente esp de 3 cad, 2 cad **, mp en el siguiente espacio de 3 cad; repetir desde * 2 veces más, repetir desde * hasta ** una vez más, unir con un pto desl en el primer mp, no cerrar –4 mp, 8 vs, 4 vd, 8 esp de 2 cad.

HILERA 4: 1 cad, mp en el mismo pto, *2 mp en el siguiente esp de 2 cad, mp en elos siguientes 2 ptos, 3 mp en el próximo pto, mp en los siguientes 2 ptos, 2 mp en el esp de 2 cad**, mp en el siguiente pto; repetir desde * 2 veces más; repetir desde * hasta ** una vez; unir con un pto desl en el primer mp –48 mp. Cerrar.

Terminación

Rematar las hebras.

Mezclar con estos motivos

Respaldo

Atardecer púrpura

Sereno

Reciclado

Huracán

Poder estelar
Dificultad: Intermedia | Medidas finales: 4¼" (11cm)

Agregue dimensión con esta estrella 3-D. Imagínelas todas juntas, borde con borde o combinadas con otros motivos para crear movimiento. ¡Espectacular!

PARA EMPEZAR

HILADO

• Hilado semigrueso en dos colores diferentes (A y B)

Fue hecho usando Stitch Nation Alpaca Love (80% lana, 20% alpaca, ovillos de 3 oz/ 85g/ 132 yd/ 121 m) en colores 3920 (A) y 3810 lake (B).

AGUJA

• Aguja de crochet medida K/ 10 ½ (6.5 mm) o cualquier otra medida para obtener la muestra.

MUESTRA

• Hilera 1 – 4 del patrón= 3" (8 cm)

PUNTOS ESPECIALES

• had (s): hebra (s) de adelante

• hatr (s): hebra (s) de atrás

Motivo

Nota: todas las hileras están trabajadas del DL, hasta indicar lo contrario.
Con A, 4 cad, unir en con pto desl para formar un anillo.

HILERA 1: 1 cad, 8mp en el anillo; unir con un pto desl en had del primer mp, no cerrar – 8mp.

HILERA 2: * 6 cad, pto desl en la segunda cad desde la aguja (lugar del rayo de la estrella), mp en la próxima cad, mv en la próxima cad, vs en cada una de las 2 próximas cad, desl un pto en had del siguiente mp de la hil 1; repetir desde * 7 veces más, unir con pto desl en el primer mp, no cerrar –8 mp, 4 esp de 3 cad.

HILERA 3: Con el RL mirando a la tejedora, unir B con mp en cualquiera de las hatr libres de la hilera 2, mp en la próxima hatr libre de la hilera 2; *3cad, mp en cada una de las 2 siguientes hatr (s) libres; repetir desde * 2 veces más, 3 cad; unir con un pto desl en el primer mp, no cerrar –8 mp, 4 esp de 3 cad.

HILERA 4: 3 cad (cuentan como una vs), girar; (2mp, 3 cad, 2 vs) en el esp de 3 cad; *vs en cada uno de los siguientes 2 ptos, (2mp, 3 cad, 2 vs) en el esp de 3 cad; repetir desde * 2 veces más, vs en el último pto; unir con un pto desl en la punta de las 3 cadenas de comienzo, no cerrar –24 vs, 4 esp de 3 cad.

HILERA 5: 3 cad, no girar, vs en cada uno de los siguientes 2 ptos, (2vs en el esp de 3 cad, mp en el lugar del rayo de la estrella, 2 vs en el mismo esp de 3 cad) * vs en cada uno de los siguientes 3 ptos, 2 vs en el esp de 3 cad, mp en el pto desl del lugar del siguiente rayo de la estrella; 2 vs en el mismo esp de 3 cad) ; repetir desde* 2 veces más, vs en los próximos 3 ptos, mp en el lugar del siguiente rayo de la estrella; unir con un pto desl en la punta de las 3 cad de comienzo –40 vs, 8 mp. Cerrar.

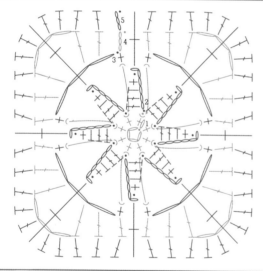

Mezclar con estos motivos:

Bayas

Rosa octogonal

Simplicidad

Óvalo en un rectángulo

Huella dactilar

Capitán del equipo
Dificultad: Advanzada | Medidas finales: 5¼" (13cm)

Las chaquetas de los partidos de fútbol de los viernes por la noche, las bufandas y los gorros en los colores del colegio; este motivo me recuerda a todas estas cosas.

PARA EMPEZAR

HILADO
• Hilado semigrueso en dos colores diferentes (A y B)

AGUJA
• Aguja medida K/ 10 ½ (6.5 mm) u otra medida para la muestra.

MUESTRA
• Hilera 1 – 2 del patrón= 2 ½ " (6 cm)

Motivo

Nota: todas las hileras están trabajadas del DL, hasta indicar lo contrario.

Con A, 4 cad, unir en con pto desl para formar un anillo.

HILERA 1: 3 cad, (cuenta como la primera vs), 13 vs en el anillo; unir con un pto desl en la punta del comienzo de 3 cad, no cerrar –14 vs.

HILERA 2: 3 cad, (cuenta como vs), vs en cada uno de los siguientes 3 ptos, 3 cad, vs en los próximos 3 ptos, 3 cad, vs en los próximos 4 ptos, 3 cad, vs en los últimos 3 ptos, 3 cad; unir con un pto desl en la punta del comienzo de 3 cad –4 esp de 3 cad, 14 vs. Cerrar.

HILERA 3: Unir B con pto desl en cualquier esp de 3 cad justo al lado de una de las varetas simples, 3 cad (cuenta como una vs) (vs en el mismo esp, 2vdpadjuntas alrededor del cuerpo de las varetas simples situadas antes y después del esp de 3 cad, 2 vs en el mismo esp de 3 cad), *vs en cada uno de los siguientes 3 ptos, 2 vs en el próximo esp de 3 cad, 2vdpadjuntas alrededor del cuerpo de las varetas simples situadas antes y después del esp de 3 cad, 2 vs en el mismo esp de 3 cad, vs en el siguiente pto, 2vspadjuntas alrededor del cuerpo de las siguientes 2 vs, vs en la última vareta del lado de 4 vs**, 2vs en el próximo esp de 3 cad, 2vdpadjuntas alrededor del cuerpo de las varetas simples situadas antes y despúes del esp de 3 cad, 2 vs en el mismo esp de 3 cad, repetir de * hasta ** una vez más; unir con pto desl en la punta del comienzo de 3 cad –4 2vdpadjuntas, 2vspadjuntas , 26 vs. Cerrar.

HILERA 4: Unir A con un pto desl en una esquina de 2vdpadjuntas comenzando sobre un lado donde no haya tejido un 2vspadjuntas, 3 cad (cuentan como una vs); * (2vspadjuntas alrededor de la 2vdpadjuntas, vs en la punta del mismo pto), vs en los próximos 7 ptos, (vs, vsad, vs) en el próximo pto, vs en los próximos 3 ptos, vsad alrededor del siguiente pto, vs en los siguientes 3 ptos, ** vs en el próximo pto; repetir desde * hasta ** una vez más; unir con pto desl en la punta del comienzo de 3 cad, no cerrar –6 vsad, 34 vs.

HILERA 5: 1 cad, mp e el mismo pto, 3 mp en el siguiente pto; *mp el próximo pto; repetir desde * 2 veces más, mp en cada uno de los últimos 8 ptos; unir con pto deslen el primer mp –48 mp. Cerrar.

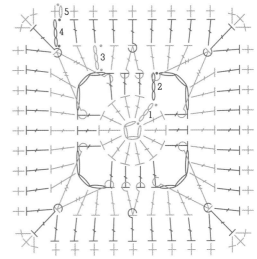

Mezclar con estos motivos:

Reina del drama

South Beach

Cuadrado de Oscar

Fogata

Brillante

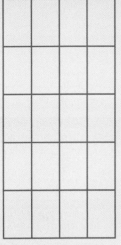

Diseño vertical de un
extremo a otro

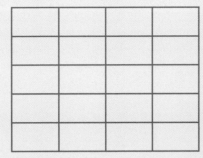

Diseño horizontal

Diseño de ladrillos (con cuadrados)

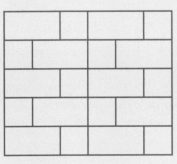

Diseño combinado con cuadrados
(horizontal)

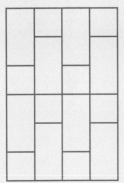

Diseño combinado con cuadrados (vertical)

RECTÁNGULOS

Los motivos rectangulares tejidos al crochet
de este libro poseen 13 puntos de ancho por 15
puntos de largo (contando lo puntos de las esquinas). Puedes estirarlos para darles una forma
más rectangular en el momento de asentar.
Con solamente dos puntos de diferencia entre
sus lados, cuadrados, triángulos ó hexágonos
pueden encajar a lo largo del lado más corto del
rectángulo. Si agregas una hilera al cuadrado,
triángulo o hexágono y se transforman en 15
puntos en cada lado, encajarán a lo largo del
lado más largo del rectángulo.

Las instrucciones para tejer un rectángulo
pueden ser un poco más complicadas que las
instrucciones para hacer un cuadrado. Al unir
un nuevo hilado, las instrucciones especificarán
tanto si se comienza por un lado corto o por
un lado largo. El hilado que se une iniciando
un lado corto comenzará en el punto indicado
cuando el primer lado trabajado es un lado
corto, sea para tejedoras diestras o zurdas. Los
lados cortos son los únicos que tienen menos
puntos.

Vintage
Dificultad: Principiante | Medidas finales: 3½" × 4" (9cm × 10cm)

Algo del borde de encaje y la flor grande en este motivo me recuerda a la rosa arrepollada. Me lleva a otro tiempo, donde las mesas de vidrio se cubrían hasta el piso con telas florales.

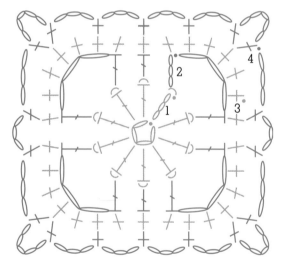

PARA EMPEZAR

HILADO
• Hilado semigrueso en tres colores diferentes (A, B y C)

AGUJA
• Aguja de crochet medida K/ 10 ½ (6.5 mm) u otra medida para la muestra.

MUESTRA
• Hilera 1 – 2 del patrón= 2 ½ " (6 cm)

PUNTOS ESPECIALES
• hatr (s): hebra (s) de atrás
• had (s): hebra (s) de adelante

Motivo

Nota: todas las hileras están trabajadas del DL, hasta indicar lo contrario. Con A, 4 cad, unir en con pto desl para formar un anillo.

HILERA 1: 3 cad, (cuenta como la primera vs), 9 vs en el anillo; unir con un pto desl en la punta del comienzo de 3 cad, no cerrar –10 vs.

HILERA 2: 3 cad, (cuenta como vs) trabajando por la hebra de atrás de los ptos, vs en cada uno de los siguientes 2 ptos, 3 cad, vs en los próximos 2 ptos, 3 cad, vs en los próximos 3 ptos, 3 cad, vs en cada uno de los próximos 2 ptos, 3 cad; unir con un pto desl en la punta del comienzo de 3 cad –10 vs, 4 esp de 3 cad. Cerrar.

HILERA 3: Unir B con mp en un esp de 3 cad comenzando un lado largo (antes de un lado de 3 vs), 4 mp más en el mismo esp, mp en cad uno de los siguientes 3 ptos, 5 mp en el esp de 3 cad, mp en cada uno de los siguientes 2 ptos, 5 mp en el esp de 3 cad, mp en cada uno de los siguientes 2 ptos; unir con un pto desl en el primer mp–30 mp. Cerrar.

HILERA 4: Unir C con un mp pto en el mp central de la esquina de 5 mp comenzando un lado largo, 5 cad, mp en el mismo pto; *[3 cad, saltar 1 pto, mp en el próximo pto] 3 veces, 3 cad, saltar 1 pto, (mp, 5cad, mp) en el próximo pto; 3 cad, saltar 2 ptos, mp en el próximo pto, 3 cad, mp en el próximo pto, 3 cad, saltar 2 ptos **, (mp, 5 cad, mp) en el próximo pto; repetir desde * hasta ** una vez; unir con pto desl en el primer mp –4 esp de 5 cad, 14 esp de 3 cad. Cerrar.

HILERA 5: (flor; no mostrada en el diagrama) Unir A con pto desl en cualquiera de las hebras de adelante de la hilera 1, 2 cad (cuenta como una mv), (mv, 2cad, 2mv) en el mismo pto; (2 mv, 2 cad, 2mv) en cada uno de las siguientes 9 hebras de adelante sin utilizar; unir con un pto desl en la punta de las 2 cad de comienzo –40 mv, 10 esp de 2 cad. Cerrar.

Mezclar con estos motivos:

Atardecer púrpura

Día floreado

Cuadrado de Oscar

Biselado

Charcos de lluvia

Huella dactilar

Dificultad: Fácil | Medidas finales: 4¼" × 5" (11cm × 13cm)

Este motivo se parece a una huella del pulgar. ¿Has realizado alguna vez dibujos con tus huellas dactilares, agregando ojos y bigotes, sombreros, brazos y piernas a un pequeño cuerpo de huella dactilar? ¡Es muy linda!

PARA COMENZAR

HILADO
• Hilado semigrueso en tres colores diferentes (A, B, C y D)

AGUJA
• Aguja de crochet medida K/ 10 ½ (6.5 mm) u otra para la muestra.

MUESTRA
• Hilera 1 – 2 del patrón= 2" x 3" (5 x 8cm)

Motivo

Nota: todas las hileras están trabajadas del DL.

HILERA 1: con A, 8 cad, 5 vs en la cuarta cad desde la aguja, (las primeras 3 cad desde la aguja forman una vs) vs en las próximas 3 cad, 6 vs en la última cad; trabajando a lo largo de la base formada por cadenas, vs en los próximos 3 ptos; unir con un pto desl en la punta del comienzo de 3 cad –18 vs. Cerrar.

HILERA 2: Unir B con mp donde previamente se ha cerrado, mp en el mismo pto, 2 mp en cada uno de los siguientes 5 ptos, mp en los próximos 3 ptos, 2 mp en cada uno de los siguientes 6 ptos, mp en los últimos 3 ptos, unir con un pto desl en el primer mp –30 mp. Cerrar.

HILERA 3: Unir C con mp donde previamente se ha cerrado, 4 cad, saltear 3 ptos, mp en los próximos 2 ptos, 1 cad, mp en los próximos 2 ptos, 4 cad, saltear 3 ptos, mp en los siguientes 5 ptos, 4 cad, saltear 3 ptos, mp en los siguientes 2 ptos, 1 cad, mp en los próximos 2 ptos, 4 cad, saltear 3 ptos, mp en los ultimods 4 ptos, unir con un pto desl en el primer mp –18 mp, 2 esp de 1 cad, 4 esp de 4 cad. Cerrar.

HILERA 4: Unir D con mp donde previamente se ha cerrado, 3 cad (cuenta como una vs), (3 vs, 1vd, 2vs) en el esp de 4 cad, vs en los próximos 5 ptos (incluyendo el esp de 1 cad), (2vs, 1vd, 3vs) en el próximo esp de 4 cad, vs en los próximos 5 ptos (3 vs, 1vd, 2vs) en el esp de 4 cad, vs en los próximos 5 ptos (incluyendo el esp de 1 cad), (2vs, 1vd, 3vs) en el próximo esp de 4 cad, vs en últimos 4 ptos unir con un pto desl en la punta de las 3 cad de comienzo, no cerrar –4 vd, 40 vs.

HILERA 5: 1 cad, mp en el mismo pto, mp en los siguientes 3 ptos, 3 mp en el próximo pto, mp en los siguientes 9 ptos, 3 mp en el próximo pto, mp en los siguientes 11 ptos, 3 mp en el próximo pto, mp en los siguientes 9 ptos, 3 mp en el próximo pto, mp en los últimos 7 ptos, unir con un pto desl en el primer mp –52 mp. Cerrar.

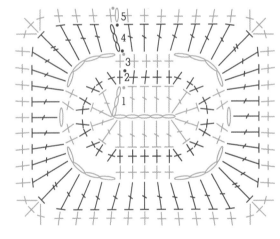

Mezclar con estos motivos

Respaldo

Fantástico

Rosa octogonal

Luz roja, luz verde

Gerbera

45

Lunar

Dificultad: Fácil | Medidas finales: 4½" × 5" (11cm × 13cm)

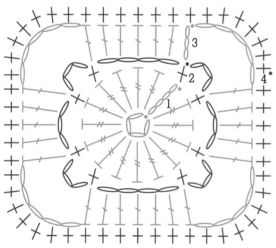

Coloca estos pequeños rectángulos juntos y obtendrás una gran ilusión óptica. Hazlos en blanco y negro, o en rojo y blanco, para un gran estilo retro.

PARA EMPEZAR

YARN

- Hilado semigrueso en dos colores diferentes (A y B)

El motivo mostrado a la izquierda fue realizado usando Lion Brand Vanna's Choice (100% acrílico, ovillos de 3.5 oz/100 g/ 170 yd/ 156 m) en colores 144 magenta (A) y 099 linen (B).

AGUJA

- Aguja de crochet medida K/ 10 ½ (6.5 mm) o cualquier otra medida para obtener la muestra.

MUESTRA

- Hilera 1 del patrón= 2 ½" (6cm)

Motivo

Nota: todas las hileras están trabajadas del DL.

Con A, 4 cad, unir en con pto desl para formar un anillo.

HILERA 1: 4 cad, (cuenta como una vd), 15 vd en el anillo; unir con un pto desl en la punta del comienzo de 4 cad –16 vd. Cerrar.

HILERA 2: Unir B con mp en cualquier pto, 4 cad, saltear los próximos 3 ptos, mp en el próximo pto, 3 cad, saltear 1 pto, mp en el próximo pto, 3 cad, mp en el próximo pto 4 cad, saltear los próximos 3 ptos, mp en el próximo pto mp, , 3 cad, mp en el próximo pto, 3 cad, saltear 1 pto, mp en el próximo pto, 3 cad, unir con un pto desl en el primer pto, no cerrar –8 mp, 2 esp de 4 cad, 6 esp de 3 cad.

HILERA 3: 3 cad (cuenta como una vs; *5vs en el esp de 4 cad, vs en el próximo pto, 5 cad, saltear el esp de 3 cad, vs en el próximo pto, 3 vs en el esp de 3 cad, vs en el próximo pto, 5 cad**, saltear el esp de 3 cad, vs en el siguiente pto; repetir desde * hasta ** una vez; unir con un pto desl en la punta del comienzo de 3 cad –24 vs, 4 esquinas de 5 cad. Cerrar.

HILERA 4: Unir A con mp en cualquier esq de 5 cad antes de cerrar, 6 mp en el mismo esp, * mp en cada uno de los siguientes 7ptos, 7 mp en el esp de 5 cad, mp en cad uno de los siguientes 5 ptos**, 7 mp en el esp de 5 cad, repetir desde * hasta ** una vez, unir con un pto desl en el primer mp –52 mp. Cerrar.

Terminación

Rematar las hebras.

Mezclar con estos motivos:

Biselado

Marea roja

Bayas

Tarta de frambuesa

Sereno

Óvalo en un rectángulo
Dificultad: Fácil | Medidas finales: 4¼" × 5¼" (11cm × 13cm)

No hay suficientes óvalos en el crochet.
Amo los óvalos, y deseo que los aprendas a
amar también.

PARA EMPEZAR

HILADO

• Hilado semigrueso en tres colores diferentes (A, B, C y D)

*Realizado con Stitch Nation Bamboo Ewe 55% viscosa de bambú, 45% lana,
ovillos de 3.5 oz/100 g/ 177 yd/ 162 m) en tonos 5830 (A), 5510 (B) y 5875 (C).*

AGUJA

• Aguja de crochet medida K/ 10 ½ (6.5 mm) u otra para la muestra.

MUESTRA

• Hilera 1 – 2 del patrón= 2 ½ " x 3 ¼ " (6 x 8cm)

PUNTOS ESPECIALES

• phat (s): por la hebra (s) de atrás solamente

Motivo

Nota: todas las hileras están trabajadas del DL.
Con A, 8 cad.

HILERA 1: 5 vs en la cuarta cad desde la aguja, vs en cada una
de las siguientes 3 cad, 6 vs en la próxima cad, trabajar ahora a lo
largode la cadena de base, vs en cada una de las próximas 3 cad;
unir con un pto desl en la punta del comienzo de las primeras 3 cad,
no cerrar –18 vs.

HILERA 2: 3 cad (cuentan como una vs), vs en el mismo pto, 2 vs en
cada uno de los siguientes 5 ptos, 2 cad, saltear 3 vs, 2 vs en cada
uno de los siguientes 6 ptos, 2 cad, saltear 3 vs, unir con un pto desl
en la punta del comienzo de las primeras 3 cad, no cerrar –24 vs, 2
esp de 2 cad. Cerrar.

HILERA 3: Unir B con pto desl donde previamente se ha cerrado, 3
cad (cuentan como una vs), vs en el mismo pto, vs en el siguiente
pto; *vs en el próximo pto, 2 vs en el siguiente pto**; repetir desde *
hasta **4 veces más, 2 cad, saltear el esp de 2 ptos, 2 vs en el próximo
pto, vs en el siguiente pto, repetir desde * hasta ** 5 veces más, 2 cad,
saltear el esp de 2 ptos, unir con un pto desl en la punta del comienzo de 3 cad –36 vs, 2 esp de 2 cad. Cerrar.

HILERA 4: Trabajar solamente en las hebras de atrás de los puntos,
unir C con mp en cualquiera de los esp de 2 cad, 2 mp en el mismo
esp; *mp en cada uno de los siguientes 2 ptos, mv en el siguiente pto,
vs en el próximo pto, (vs, vd, vs) en el próximo pto, vs en el próximo
pto, mv en el siguiente pto, mp en cada uno de los siguientes 2 ptos,
1 cad, mp en cada uno de los siguientes 2 ptos, mv en el siguiente
pto, vs en el próximo pto, (vs, vd, vs) en el próximo pto, vs en el próximo pto, mv en el siguiente pto, mp en cada uno de los siguientes 2
ptos**; 3 mp en el esp de 2 ptos; repetir desde * hasta ** una vez más;
unir con un pto desl en el primer mp –4 vd, 16 vs, 8 mv, 22 mp, 2 esp
de 1 cad. Cerrar.

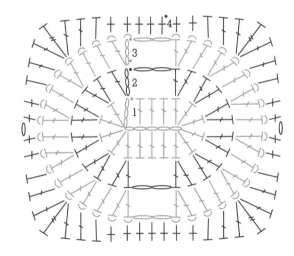

Mezclar con
estos motivos:

Fogata

Bayas

Granny
octogonal

Respaldo de
silla

Triángulo
flotante

El último arándano
Dificultad: Fácil
Medidas finales: 4½" × 5" (11cm × 13cm)

Los panqueques de arándanos o solamente los arándanos, ¡porque amamos los arándanos! Este motivo es una obra de teatro de un solo acto interpretada por cuatro brazos alcanzando el último arándano.

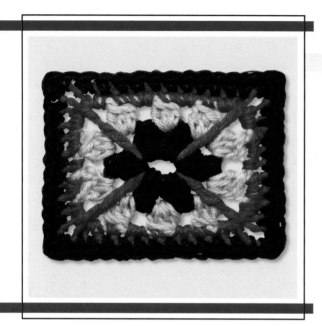

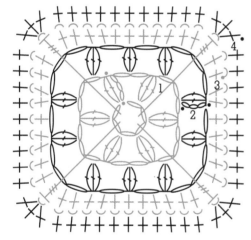

Mezclar con estos motivos:

Acapulco

Cereza

Charcos de lluvia

Centelleo

Oro Sol

PARA EMPEZAR

HILADO

• Hilado semigrueso en tres colores diferentes (A, B y C)

El motivo mostrado a la izquierda fue realizado usando Red Heart Super Saber (100% acrílico, ovillos de 7 oz/198 g/ 364 yd/ 333 m) en color 385 royal(A); Red Heart Kids (100 % acrílico, ovillos de 5oz/ 140 g/ 290 yd/ 265 m) en color 2650 pistachio (B); TLC Essentials (100% acrílico, ovillos de 6 oz/ 170 g/ 312 yd/ m) en color 2690 fusion 5 (C).

AGUJA

• Aguja de crochet medida K/ 10 ½ (6.5 mm) o cualquier otra medida para obtener la muestra.

MUESTRA

• Hilera 1 – 2 del patrón= 3 " x 3 ½ " (8 x 9cm)

PUNTOS ESPECIALES

• phat (s): por la hebra (s) de atrás solamente

Motivo

Nota: todas las hileras están trabajadas del DL.
Con A, 6 cad, unir con pto deslizado para formar un anillo.

HILERA 1: Com – gr en el anillo, 3 cad, (gr, 3 cad) en el anillo; (gr, 2 cad) en el anillo, (gr, 3 cad) 2 veces en el anillo, (gr, 2 cad) en el anillo; unir con pto desl en la punta del gr –com—6 gr, 4 esp de 3 cad, 2 esp de 2 cad. Cerrar.

HILERA 2: unir B con pto desl en cualquiera de los espacios de 3 cad anteriores a un esp de 2 cad, (com gr, 3 cad, gr) en el mismo esp, 1 cad, saltear gr, gr en el siguiente esp de 2 cad, 1 cad, (gr, 3 cad, gr) en el próximo esp de 3 cad, 1 cad, (gr, 3 cad, gr) en el próximo esp de 3 cad, 1 cad , gr en el esp de 2 cad, 1 cad, (gr, 3 cad, gr) en el próximo esp de 3 cad, 1 cad; unir con pto desl en la punta del com – gr—10 gr, 4 esp de 3 cad, 6 esp de 1 cad. Cerrar.

HILERA 3: Unir C con mp en el esp de 3 cadantes de un lado largo (con 2 esp de 1 cad), (mp, vt entre los grupos de la hil 1 dentro del anillo de 6 cad de comienzo, 2 mp) en el mismo esp; *mp en el próximo grupo, [2 mp en el siguiente esp de 1 cad, mp en el siguiente gr] dos veces, (2 mp, vt entre los grupos de la hil 1 dentro del anillo de 6 cad de comienzo, 2 mp) en el próximo esp de 3 cad, 2 mp en el próximo gr, mp en el esp de 1 cad, 2 mp en el próximo gr **; (2 mp, vt entre los grupos de la hil 1 dentro del anillo de 6 cad de comienzo, 2 mp) en el próximo esp de 3 cad, repetir desde * hasta **una vez; unir con un pto desl en el primer mp –4 vt, 40 mp. Cerrar.

HILERA 4: Trabajar solo en las hebras de atrás de los puntos; unir A con mp en una vt anterior a cualquiera de los lados largos, 2 mp más en el mismo pto, mp en cada uno de los siguientes 11 ptos, 3 mp en el siguiente pto, mp en los siguientes 9 ptos, 3 mp en el siguiente pto, mp en elos siguientes 11 ptos, 3 mp en el siguiente pto, mp en los siguientes 9 ptos; unir con un pto desl en el primer mp –52 mp. Cerrar.

Inspirado por el estilo Art Deco de los edificios de Miami, Florida, imagina este pequeño rectángulo en estuco.

South Beach
Dificultad: Intermedia
Medidas finales: 4¼" × 5¼" (11cm × 13cm)

PARA EMPEZAR

HILADO
• Hilado semigrueso en tres colores diferentes (A, B y C)

AGUJA
• Aguja de crochet medida K/ 10 ½ (6.5 mm) u otra para la muestra.

MUESTRA
• Hilera 1 – 3 del patrón= 2 ¾ " x 3 " (7 x 8cm)

Motivo

Nota: todas las hileras están trabajadas del DL.
Con A, 6 cad, unir con pto deslizado para formar un anillo.

HILERA 1: 1 cad, mp en el anillo, 2 cad, 3 mp en el anillo, 2 cad, mp en el anillo, 2 cad, 3 mp en el anillo, 2 cad; unir con pto desl en el primer mp –8 mp, 4 esp de 2 cad. Cerrar.

HILERA 2: unir B con pto desl en el mp donde se ha cerrado previamente, 3 cad (cuentan como una vs), 3 vs en el esp de 2 cad, vs en los próximos 3 ptos, 3 vs en el sig. esp de 2 cad, vs en el próximo pto, 3 vs en el sig. esp de 2 cad, vs en los próximos 3 ptos, 3 vs en el sig. esp de 2 cad, unir con un pto desl en la punta de las 3 cad de comienzo – 20 vs. Cerrar.

HILERA 3: Unir C con mp en la vs central de la esq de 3 vs antes de cualquier lado corto, 2 mp en el mismo pto, mp en los sig. 3 ptos, 3 mp en el sig. pto, mp en los sig. 5 ptos, 3 mp en el sig. pto, mp en los sig. 3 ptos, 3 mp en el sig. pto, mp en los últimos 5 ptos, unir con un pto desl en el primer mp—28 mp. Cerrar.

HILERA 4: Unir B con mp en el mp central de la esq de 3 mp antes de cualquier lado corto, 3 cad, mp en el mismo pto, *mp en el próximo pto, 3 cad, saltear los sig. 3 ptos, mp en el sig. pto, (mp, 3 cad, mp) en el próximo pto, mp en el próximo pto, 3 cad, saltear los sig.s 2 ptos, mp en el sig. pto, 3 cad, saltear los sig.s 2 ptos, mp en el sig. pto**, (mp, 3 cad, mp) en el próximo pto, repetir desde * hasta ** una vez; unir con un pto desl en el primer mp—18 mp,10 esp de 3 cad. Cerrar.

HILERA 5: Unir A con pto desl en el esp de 3 cad de la esquina anterior a cualquier lado corto 3 cad (cuentan como una vs), 6 vs en el mismo esp; saltear los sig.s 2 ptos, trabajando por detrás del esp de 3 cad y dentro de los ptos salteados de la hilera 3, vs en cada uno de los sig.s 3 ptos, saltear los sig. 2 ptos de la hilera 4, 7 vs en el próximo esp de 3 cad de la esquina, saltear los sig. 2 ptos, trabajando por detrás del esp de 3 cad, vs dentro de los 2 ptos salteados de la hilera 3, mv en el próximo mo de la hilera 4, trabajando por detrás del esp de 3 cad, vs dentro de los 2 ptos salteados de la hilera 3, saltear los sig. 2 ptos**, 7 vs en el próximo esp de 3 cad de la esquina, repetir desde * hasta ** una vez; unir con un pto desl en la punta de las 3 cad de comienzo —2mv, 42 vs. Cerrar.

HILERA 6: Unir C con mp en la vs central de cualquier esquina de 7 vs anterior a un lado corto, 2 mp en el mismo pto, mp en los sig. 9 ptos, 3 mp en cad pto, mp en los sig. 11 ptos, 3 mp en el sig. pto, mp en los sig.s 9 ptos, 3 mp en el sig. pto, mp en los sig. 11 ptos, unir con un pto desl en el primer mp — 52 mp. Cerrar.

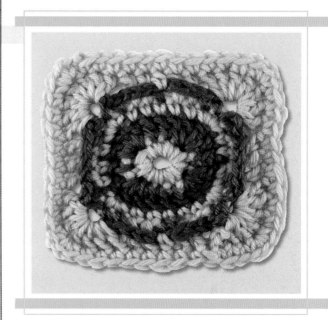

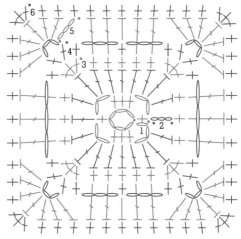

Mezclar con estos motivos:

Cuadrado de Oscar

Hexágono dorado

Simplicidad

Reina del Drama

Parche floral

Camafeo

Nivel de dificultad: Intermedia | Medidas finales: 5" × 5½" (13cm × 14cm)

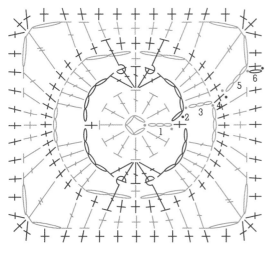

Como una moderna interpretación de un camafeo tradicional victoriano, esta pequeña joya verde es una hermosa sorpresa.

PARA EMPEZAR

HILADO
• Hilado semigrueso en dos colores diferentes (A y B)

AGUJA
• Aguja de crochet medida K/ 10 ½ (6.5 mm) u otra para la muestra.

MUESTRA
• Hilera 1 – 2 del patrón= 2 ½ " x 3 " (6 x 8cm)

Motivo

Nota: todas las hileras están trabajadas del DL.

Con A, 4 cad, unir con pto deslizado para formar un anillo.

HILERA 1: 3 cad (cuenta como una vs), 11 vs en el anillo, unir con pto desl en la punta de las 3 cad de comienzo, no cerrar. – 12 vs.

HILERA 2: *4 cad, saltear las sig. 2 vs, 5 vs en el sig. pto, 4 cad, saltear los sig. 2 ptos, mp en la próxima vs; repetir desde * 1 vez más; unir con pto desl en el esp de 4 cad –10 vs, 4 esp de 4 cad, 2 mp. Cerrar.

HILERA 3: Unir B con pto desl en el esp de 4 cad donde previamente se ha cerrado, 3 cad (cuentan como una vs) 4 vs más en el mismo esp; * 2 cad, saltear los sig. 2 ptos, mp en el sig. pto, 2 cad, saltear los sig. 2 ptos, 5 vs en el sig. esp de 4 cad; 3 cad**, 5 vs en el esp de 4 cad; repetir desde * hasta ** una vez, unir con pto desl en la punta de las 3 cad de comienzo – 20 vs, 2 esp de 3 cad, 2 mp. Cerrar.

HILERA 4: Unir A con mp en el mismo pto cerrado previamente, mp en las sig. 4 vs; * mp en el sig. esp de 2 cad, vsad alrededor de la 2da vs del gr de 5 vs de la hilera 3, mp en el mismo esp de 2 cad e la hilera actual, mp en el sig. mp, mp en el sig. esp de 2 cad, vsad alrededor de la 4ta vs del gr de 5 vs de la hilera 3, mp en el mismo esp de 2 cad e la hilera actual, mp en cada una de las sig. 5 vs , 5 mp en el sig. esp de 3 cad, ** mp en cada una de las sig. 5 vs, repetir desde * hasta ** una vez, unir con pto desl en el primer mp – 40 mp, 4 vsad. Cerrar.

HILERA 5: Unir B con pto desl en el pto donde previamente se ha cerrado, 4 cad (cuentan como 1 vs más 1 cad); saltear 1 mp, * vd en el sig. pto, 1 cad, saltear 1 pto, vs en el próximo pto, mv en el sig. pto, vs en el próximo pto, 1 cad, saltear 1 pto, vd en el próximo pto; 1 cad, saltear 1 pto, vs en el sig. pto, mv en el próximo pto, mp en cada uno de los sig. 3 ptos, mv en el próximo pto**, vs en el próximo pto, 1 cad, saltear 1 pto, vd en el próximo pto; repetir desde * hasta ** una vez; unir con pto desl en la 3er cad del comienzo de 4 cad, no cerrar –4 vd, 8 vs, 8 mv, 16 mp.

HILERA 6: 1 cad, mp en el mismo pto; *mp en el sig. esp de 1 cad, 3 mp en el próximo pto, mp en el sig. esp de 1 cad, mp en cada uno de los sig. 9 ptos, mp en el esp de 1 cad, 3 mp el próximo pto, mp en el sig. esp de 1 cad**, mp en cada uno de los sig. 7 ptos, repetir desde * hasta **una vez, mp en los sig. 6 ptos, , unir con pto desl en el primer mp – 52 mp. Cerrar.

Mezclar con estos motivos

Octógono floral

Parche floral

Fogata

Reciclado

Bluebonnet

Neopolitan

Dificultad: Intermedia | Medidas finales: 4" × 4½" (10cm × 11cm)

Existe un hermoso automóvil llamado Metropolitan que siempre amé. Si fuera rosa con interiores en marrón, ¡podría ser un Metropolitan napolitano!

PARA EMPEZAR

HILADO
• Hilado semigrueso en tres colores diferentes (A, B y C)

AGUJA
• Aguja de crochet medida K/ 10 ½ (6.5 mm) o cualquier otra medida para obtener la muestra.

MUESTRA
• Hilera 1 – 2 del patrón= 2 ½ " x 3 " (6 x 8cm)

PUNTOS ESPECIALES
• com pop-corn: comienzo del popcorn
• pop: popcorn (5vs)
• vdad: vareta doble tomada por adelante

Motivo

Nota: todas las hileras están trabajadas del DL.
Con A, 5 cad, unir con pto deslizado para formar un anillo.

HILERA 1: 3 cad (cuenta como una vs), 9 vs en el anillo, unir con pto desl en la punta de las 3 cad de comienzo – 10 vs. Cerrar.

HILERA 2: Unir B con un pto desl en cualquier vs, comenzando el pto pop en el primer pto, 2 cad; pop en el siguiente pto, 5 cad, saltear 2 ptos, pop en el siguiente pto, 2 cad, pop en el siguiente pto, 5 cad, saltear 2 ptos, unir con pto desl en la punta del primer pop – 6 pop-corn, 4 esp de 2 cad, 2 esp de 5 cad. Cerrar.

HILERA 3: Unir C con pto desl en cualquier el esp de 5 cad, 3 cad (cuentan como una vs), 4 vs en el mismo esp, vs en el siguiente pto, 3 cad, 2 vs en el esp de 2 cad, vs en el próximo pto , 2 vs en el esp de 2 cad, 3 cad, vs en el siguiente pto, 5 vs en el esp de 5 cad, vs en el siguiente pto, 3 cad, 2 vs en el esp de 2 cad, 3 cad, vs en el siguiente pto; , unir con pto desl en la punta de las 3 cad de comienzo – 24 vs, 4 esp de 3 cad. Cerrar.

HILERA 4: Unir B con mp en la primer vs de un lado largo, mp en cada uno de los siguientes 6 ptos, (2 mp, vdad alrededor de la unión del pop, 2 mp) en el siguiente esp de 3 cad, mp en cada uno de los siguientes 5 ptos, (2mp, vdad alrededor de la unión del pop, 2mp) en el siguiente esp de 3 cad, mp en cada uno de los siguientes 7 ptos, (2 mp, vdad, 2 mp) en el siguiente esp de 3 cad, mp en cada uno de los siguientes 5 ptos, (2mp, vdad, 2mp) en el siguiente esp de 3 cad, unir con pto desl en el primer mp – 4 vdad, 40 mp. Cerrar.

HILERA 5: Unir A con mp en la primera vdad de un lado largo, 2 mp en el mismo pto, mp cada uno de los siguientes 11 ptos, 3 mp en el siguiente pto, mp en cada uno de los siguiente 9 ptos, 3 mp en el siguiente pto, mp en cada uno de los siguientes 11 ptos, 3 mp en el siguiente pto, mp en cada uno de los siguiente 9 ptos; unir con pto desl en el primer mp – 52 mp. Cerrar.

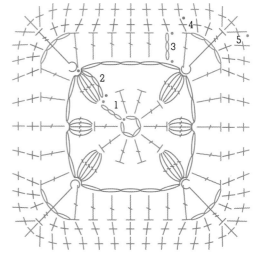

Mezclar con estos motivos:

Medallón octogonal

Ojalitos

Acapulco

Poder estelar

Cosecha

Diversión aterradora
Dificultad: Intermedia
Medidas finales: 5" × 5½" (13cm × 14cm)

No estoy segura cuándo el rojo y violeta ingresaron al esquema de colores de Halloween, pero me gusta!

PARA EMPEZAR

HILADO
• Hilado semigrueso en tres colores diferentes (A, B y C)

AGUJA
• Aguja de crochet medida K/ 10 ½ (6.5 mm) u otra para la muestra.

MUESTRA
• Hilera 1 – 2 del patrón= 2 ½ " x 3 " (6 x 8cm)

PUNTOS ESPECIALES
• com pop-corn: comienzo del popcorn
• pop: popcorn (5vs)
• phat (s): por la(s) hebra(s) de atrás

Motivo

Nota: todas las hileras están trabajadas del DL.
Con A, 5 cad, unir con pto deslizado para formar un anillo.

HILERA 1: com gr en el anillo, 2 cad, gr en el anillo, 6 cad, gr en el anillo, 2 cad, gr en el anillo, 6 cad, unir con pto desl en la punta del gr de comienzo – 4 gr, 2 esp de 2 cad, 2 esp de 6 cad. Cerrar.

HILERA 2: Unir B con un mp en cualquiera de los esp de 6 cad, 4 mp en el mismo esp, 3 cad, saltear 1 gr, 3 mp en el esp de 2 cad, 3 cad, saltear 1 gr, 5 mp en el esp de 6 cad, 3 cad, saltear 1 gr, 3 mp en el esp de 2 cad, 3 cad, saltear 1 gr, unir con pto desl en el primer mp– 16 mp, 4 esp de 3 cad. Cerrar.

HILERA 3: Unir C con un pto desl en cualquiera de los esp de 3 cad comenzando un lado largo, (com pop, 3 cad, pop) en el mismo esp, 5 cad, saltear 5 mp, (pop, 3 cad, pop) en el esp de 3cad, 3 cad, saltear 3 mp, (pop, 3 cad, pop) en el esp de 3cad, 5 cad, saltear 5 mp, (pop, 3 cad, pop) en el esp de 3cad, 3 cad, saltear 3 mp, unir con pto desl en la punta del comienzo del pop– 8 pop, 2 esp de 5 cad, 6 esp de 3 cad. Cerrar.

HILERA 4: Unir A con un pto desl en cualquiera de los esp de 3 cad comenzando un lado largo, 3 cad (cuentan como una vs) 4 vs en el mismo esp, saltear 1 pop, 5 vs en el esp de 5 cad, saltear 1 pop, 5 vs en el esp de 3 cad, saltear 1 pop, 3 vs en el esp de 3 cad, saltear 1 pop, 5 vs en el esp de 3 cad, saltear 1 pop, 5 vs en el esp de 5 cad, saltear 1 pop, 5 vs en el esp de 3 cad, saltear 1 pop, 3 vs en el esp de 3 cad; unir con un pto desl en la punta del comienzo de 3 cad—36 vs. Cerrar.

HILERA 5: Unir C con mp en la vs central de la esquina de 5 vs comenzando cualquiera de los lados largos, 2 mp más en el mismo pto, mp en la hatr de cada uno de los sig. 9 ptos, 3 mp a través de ambas hebras del sig. pto, mp en la hatr de cada uno de los sig. 7 ptos, 3 mp a través de ambas hebras del sig. pto, mp en la hatr de cada uno de los sig. 9 ptos, 3 mp en el sig. pto, mp en la hatr de los sig. 7 ptos; unir con un pto desl en el primer mp—44 mp. Cerrar.

HILERA 6: Unir B con mp enn ambas hebras del mp central de la esq de 3 mp comenzando cualquier lado largo, 2 mp más en el mismo pto; * mp en cada pto hasta el mp central de la próxima esquina, 3 mp en el mp central de la esquina; repetir desde * dos veces más, mp en cada uno de los 9 ptos restantes; unir con un pto desl en el primer mp—52 mp. Cerrar.

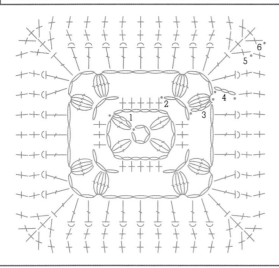

Mix and Match with these motifs:

Capitán del equipo

Oro Sol

Marea roja

Pruébalo!

Respaldo

Este diseño es un regalo de hilo atado por un moño.

PARA EMPEZAR

HILADO
• Hilado semigrueso en dos colores diferentes (A, y B)

AGUJA
• Aguja de crochet medida K/ 10 ½ (6.5 mm) u otra para la muestra.

MUESTRA
• Hilera 1 – 2 del patrón= 2 ½ " (6 cm)

Motivo

Todas las hileras del DL. Con A, 4 cad, unir con pto deslizado para formar un anillo.

HILERA 1: 1 cad, 8 mp en el anillo, unir con pto desl en el mp, no cerrar –8 mp.

HILERA 2: 1 cad, mp en el mismo pto; * 3 cad, saltear 1 pto, mp en el próximo pto; repetir desde * 2 veces más, 3 cad, saltear 1 pto, unir con pto desl en el mp – 4 mp, 4 esp de 3 cad. Cerrar.

HILERA 3: Unir B con pto desl en un esp de 3 cad comenzando por un lado corto, 3 cad (cuentan como una vs), 2 vs en el mismo pto, 4 cad, 5 vs en el sig. esp de 3 cad, 4 cad, 3 vs en el sig. esp de 3 cad, 4 cad, 5 vs en el sig. esp de 3 cad, 4 cad; unir con pto desl enla punta del comienzo de 3 cad –16 vs, 4 esp de 4 cad. Cerrar.

HILERA 4: Unir A con pto desl en un esp de 4 cad comenzando por un lado corto, 3 d (cuentan como una vs), 4 vs en el mismo pto, 3 cad, saltear 3 ptos, 5 vs en el sig. esp de 4 cad, saltear 5 ptos, 5 vs en el sig. esp de 4 cad, 3 cad, saltear 3 ptos, 5 vs en el sig. esp de 4 cad, 4 cad, saltear 5 ptos; unir con pto desl en la punta del comienzo de 3 cad –20 vs, 2 esp de 3 cad, 2 esp de 4 cad. Cerrar.

HILERA 5: Unir B con pto desl en la vs central de una esquina comenzando un lado corto, 3 cad (cuentan como una vs), 2 vs en el mismo pto, vs en cada uno de los sig. 2 ptos, vs en el esp de 3 cad, 2vdadjuntas alrededor de la primera y tercera vs ubicadas directamente abajo en la hilera 3, vs en el mismo esp de 3 cad, vs en los sig. 2 ptos, 3 vs en el próximo pto, vs en los sig. 2 ptos, vdad en la vs ubicada directamente abajo en la hilera 3, vs en los sig. 2 ptos, 3 vs en el próximo pto, vs en cada uno de los sig. 2 ptos, vs en el esp de 3 cad, 2vdadjuntas alrededor de la primera y tercera vs ubicada directamente abajo en la hilera 3, vs en el mismo esp de 3 cad, vs en los sig. 2 ptos, 3 vs en el próximo pto, vs en los sig. 2 ptos, vdad en la vs ubicada directamente abajo en la hilera 3, 3 vs en el esp de 3 cad, vdad en la vs ubicada directamente abajo en la hilera 3, vs en los últimos 2 ptos; unir con pto desl en la punta del comienzo de 3 cad –2 vdadjuntas, 4 vdad, 38 vs. Cerrar.

HILERA 6: Unir A con mp en la vs central de una esquina de 3 vs comenzando un lado corto, 2 mp en el mismo pto, mp en cada uno de los sig. 4 ptos, mvad alrededor el sig. pto, mp en cada uno de los sig. 4 ptos, 3 mp en el sig. pto, mp en cada uno de los sig. 3 ptos, mvad alrededor del sig. pto, mp en cada uno de los sig. 3 ptos, 3 mp en el sig. pto, mp en cada uno de los sig. 4 ptos, mvad alrededor el sig. pto, mp en cada uno de los sig. 4 ptos, 3 mp en el sig. pto, mp en cada uno de los sig. 3 ptos, mvad alrededor el sig. pto, mp en cada uno de los últimos 3 ptos; unir con un pto desl en el primer mp — 6 mvad, 46 mp. Cerrar.

Paquete de regalo
Dificultad: Avanzado
Medidas finales: 4½" × 5" (11cm × 13cm)

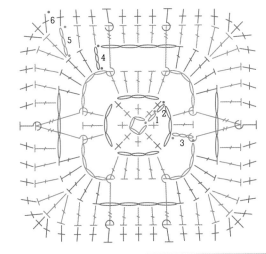

Mezclar con estos motivos:

Cereza

Descentrado

Huracán

Pensamiento púrpura

Cuadrado de Oscar

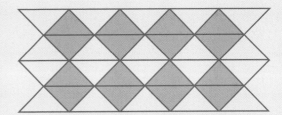
Diseño de diamantes

TRIÁNGULOS

¡Atrévete a ser diferente! Amo los "granny squares", pero si lo que buscas es movimiento y que la pieza sea única, no te equivocarás con los triángulos.

Los triángulos son rápidos y fáciles, y le agregan una nueva dinámica a las mantas. Lo mejor de ellos es que producen ilusión óptica por sí mismos: cuando muchos triángulos están colocados juntos, es fácil ver formas florales emerger de un mar de puntas. Cambiar los colores creará vastas apariencias diferentes en una manta. ¿Cuántas combinaciones puedes proponer?

Triángulos y hexágonos son buenos amigos. Al crear tu propio proyecto, un impresionante punto de partida es combinar un buen triángulo con un buen hexágono.

Debido a que los triángulos son usualmente trabajados en hileras, las puntas de los triángulos tienden a redondearse un poco. Para evitar esto, un punto más largo puede ser colocado entre dos puntos más bajos. Otra manera de evitar puntas redondeadas es usar una fibra natural y luego asentar los motivos para lograr puntas afiladas y hermosas.

Al unir los triángulos, éstos parecen ser pedazos de torta. Seis triángulos forman un hexágono y cuando se unen, seis puntas se unirán en un vértice. Al unir triángulos, ya sea cosiéndolos o por medio del crochet, asegúrate de que todos estén unidos en el vértice central, así no aparecerán agujeros. Si es imposible cerrar el agujero donde se unen los seis triángulos, un motivo de relleno (un pequeño círculo en crochet, por ejemplo) puede ser colocado en el hueco. ¡Sé creativa!

Existen muchas maneras de lograr diferentes aspectos con la ubicación del color en los triángulos. Una disposición aleatoria de los colores resulta en una apariencia de caleidoscopio. Disponer los triángulos en fila para lograr una secuencia de color puede darle al proyecto un aspecto más masculino o gráfico. Ubicar triángulos de colores distintos en círculo o en forma de estrella puede crear una apariencia casi floral. Este es definitivamente uno de esos proyectos donde la cámara digital puede ser muy útil para explorar todas las posibilidades.

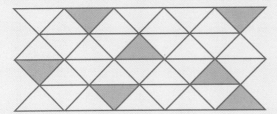
Diseño aleatorio

Diseño en círculos

Triángulo flotante
Dificultad: Principiante | Medidas finales : 4" de ancho de base x 3 ¾ " de altura (10cm x 9.5cm)

Al igual que este círculo que no puede flotar por sí solo, cada persona es una isla. ¿Se podría usar este motivo para realizar una hermosa manta de oración triangular?

PARA EMPEZAR

HILADO
• Hilado semigrueso en tres colores diferentes (A, B y C)

El motivo mostrado a la izquierda fue realizado usando TLC Essentials (100% acrílico, ovillos de 6 oz/ 170 g/ 312 yd/ 285 m) en color 2680 eden Green (A) y 2840 medium lake blue (B).

AGUJA
• Aguja de crochet medida K/ 10 ½ (6.5 mm) o cualquier otra medida para obtener la muestra.

MUESTRA
• Hilera 1 del patrón= 1" (3 cm)

Motivo

Nota: todas las hileras están trabajadas del DL.

Con A, 3 cad, unir con pto deslizado para formar un anillo.

HILERA 1: 1 cad, 6 mp en el anillo, unir con pto desl en el mp de comienzo—6 mp. Cerrar.

HILERA 2: unir B con pto desl en cualquier pto, 4 cad (cuentan como una vs más 1 pto), vs en el mismo pto, 3 cad, saltear el próximo pto, *(vs, 1 cad, vs) en el siguiente pto, 3 cad, saltear el próximo pto; repetir desde * una vez más, unir con un pto desl en la 3er cad del comienzo de 4 cad, no cerrar – 6vs, 3 esp de 1 cad, 3 esp de 3 cad.

HILERA 3: 1 cad, mp en el mismo pto, , 3 mp en el siguiente esp de 1 cad, mp en el siguiente pto, (2vs, vd, 2 vs) en el próximo esp de 3 cad, * mp en el siguiente pto, 3 mp en el siguiente esp de 1 cad, mp en el siguiente pto, (2vs, vd, 2 vs) en el esp de 3 cad; repetir desde * una vez más; unir con un pto desl en el primer mp – 15mp, 12 vs, 3 vd. Cerrar.

HILERA 4: unir A con pto desl en cualquier vd, 2 cad (cuentan como una mv), (vs, mv) en el mismo pto, mv en cada uno de los siguientes 9 ptos, * (mv, vs, mv) en el próximo pto, mv en cada uno de los siguientes 9 ptos; repetir desde * una vez más; unir con un pto desl en la punta del comienzo de 2 cad – 3 vs, 6 mv, 27 mp. Cerrar.

Terminación

Rematar las hebras.

Mezclar con estos motivos:

Simplicidad

Medallón octogonal

Hexágono dorado

Camafeo

Cereza

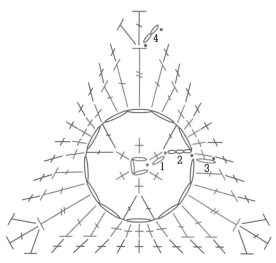

Sereno
Dificultad: Principiante | Medidas finales: 3 ½" de ancho de base x 3 ¼" de altura (9cm x 8cm)

Con sólo mirarlo me hace sentir centrada. Puedes meditar con este triángulo durante un rato y comenzarás a sentirte serena y calmada.

PARA EMPEZAR

HILADO

• Hilado semigrueso en dos colores diferentes (A y B)

El motivo mostrado a la derecha fue realizado usando Red Heart Eco-Ways (70% acrílico, 305 polyester reciclado, ovillos de 4 oz/ 113 g/ 186 yd/ 170 m) en color 3520 aquarium (A) y 3360 mushroom (B).

AGUJA

• Aguja de crochet medida I/ 9 (5.5 mm) o cualquier otra medida para obtener la muestra.

MUESTRA

• Hilera 1 – 3 del patrón= 3 ½ " (9 cm) de lado

Motivo

Nota: todas las hileras están trabajadas del DL.
Con A, 5 cad, unir con pto deslizado para formar un anillo.

HILERA 1: 1 cad, 9 mp en el anillo, unir con pto desl en el primer mp, no cerrar – 9 mp.

HILERA 2: 1 cad, mp en el mismo pto; 7 cad, saltear los siguientes 2 ptos; * mp en el próximo pto, 7 cad, saltear 2 ptos, repetir desde* una vez más; unir con pto desl en el primer mp – 3 mp, 3 esp de 7 cad. Cerrar.

HILERA 3: Unir B com mp en cualquier esp de 7 cad, (mp, 2 mv, vs, vd, vs, 2 mv, 2 mp) en el mismo pto, mp en el próximo pto; *(2 mp, 2 mv, vs, vd, vs, 2 mv, 2 mp) en el próximo esp de 7 ptos, mp en el mismo pto; repetir desde * una vez más; unir con pto desl en el primer mp – 3 vd, 6 vs, 12 mv, 15 mp. Cerrar.

Terminación

Rematar las hebras.

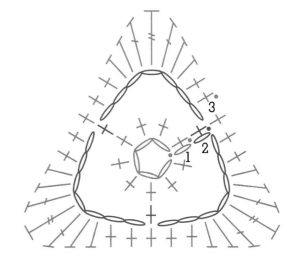

Mix and Match with these motifs:

Octógono floral

Centelleo

Neapolitan

Poder estelar

Vintage

Reciclado

Dificultad: Fácil | Medidas finales: 4 ¼" de ancho de base x 4" de altura (11cm x 10cm)

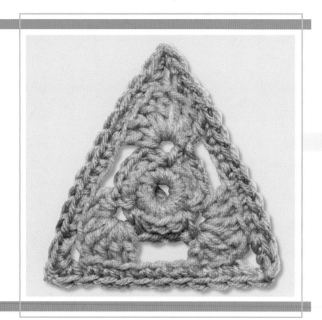

Siendo una reminiscencia del símbolo universal del reciclado, este diseño se siente limpio y fresco.

PARA EMPEZAR

HILADO

• Hilado semigrueso en dos colores diferentes (A y B)

El motivo mostrado a la izquieda fue realizado usando Red Heart Kids (100% acrílico, ovillos de 5 oz/ 141 g/ 290 yd/ 265 m) en color 2650 pistachio (A); TLC Essentials (100% acrílico, ovillos de 6 oz / 170g / 312 yd / 285 m) en color 2821 paradise blue (B).

AGUJA

• Aguja de crochet medida K/ 10 ½ (6.5 mm) o cualquier otra medida para obtener la muestra.

MUESTRA

• Hilera 1 – 2 del patrón= 2 ¼ " (6cm) de un lado a otro

PUNTOS ESPECIALES

• hatr (s): por la (s) hebra (s) de atrás

Motivo

Nota: todas las hileras están trabajadas del DL.
Con A, 5 cad, unir con pto deslizado para formar un anillo.

HILERA 1: 1 cad, 12 mp en el anillo, unir con pto desl en el primer mp – 12 mp. Cerrar.

HILERA 2: Unir B con un mp en cualquier pto, (3 cad, mp) en el mismo pto; *3 cad, saltear 3 ptos, (mp, 3 cad, mp) en el siguiente pto; repetir desde * una vez, 3 cad, saltear 3 ptos; unir con pto desl en el primer mp – 6 mp, 6 esp de 3 cad. Cerrar.

HILERA 3: Unir A com mp en el esp de 3 cad de cualquier esquina, 3 cad (cuentan como una vs), (2vs, vd, 3vs) en el mismo esp; *3 cad, saltear el siguiente esp de 3 cad, (3 vs, vd, 3 vs) en el siguiente esp de 3 cad; repetir desde * una vez, 3 cad, saltear el siguiente esp de 3 cad; unir con pto desl en la punta del comienzo de 3 cad –18 vs, 3 vd, 3 esp de 3 cad. Cerrar.

HILERA 4: trabajando solamente en las hebras de atrás, unir B con mp en cualquier vd, 2 mp en el mismo pto; mp en los siguientes 9 ptos, (incluyendo las cad), 3 mp en el siguiente pto; repetir desde * una vez, mp en los siguientes 9 ptos; unir con pto desl en el primer mp – 36 mp. Cerrar.

Terminación

Rematar las hebras.

Mezclar con estos motivos:

Sereno

Bluebonnet

Ojalitos

Granny octogonal

Charcos de lluvia

Fantástico

Dificultad: Fácil | Medidas finales: 4¼" ancho de base × 4" de altura (11cm × 10cm)

¡Es un molinete! Fantástico y divertido, este motivo me recuerda los días en el parque en la primavera.

PARA EMPEZAR

HILADO

• Hilado semigrueso en tres colores diferentes (A, B y C)

El motivo mostrado a la derecha fue realizado usando Red Heart Kids (100% acrílico, ovillos de 5 oz/ 141 g/ 290 yd/ 265 m) en color 2650 pistachio (A); Red Heart Super Saver (100% acrílico, ovillos de 7 oz/ 198 g/ 364 yd/ 333 m) en color 579 pale plum (B): TLC Essentials (100% acrílico, ovillos de 6 oz / 170g / 312 yd / 285 m) en color 2500 teal (C).

AGUJA

• Aguja de crochet medida K/ 10 ½ (6.5 mm) o cualquier otra medida para obtener la muestra.

MUESTRA

• Hilera 1 = 2" (5cm) de un lado a otro

Motivo

Nota: todas las hileras están trabajadas del DL.
Con A, 5 cad, unir con pto deslizado para formar un anillo.

HILERA 1: com gr en el anillo, 5 cad, (gr, 5cad) 2 veces en el anillo; unir con pto desl en el extremo del gr de comienzo – 3 gr y 3 esp de 5 cad. Cerrar.

HILERA 2: Unir B con un mp en cualquier esp de 5 cad, (com gr, 3 cad, gr) en el mismo esp de 5 cad, 5 cad, *(gr, 3 cad, gr) en el siguiente esp de 5 cad, 5 cad; repetir desde * una vez; unir con pto desl al extremo del gr de com – 6 mp, 3 esp de 3 cad y 3 esp de 5 cad. Cerrar.

HILERA 3: Unir C com mp en cualquier esp de 3 cad, 4 mp en el mismo esp; *mp en el siguiente gr, mp en cada uno de las siguientes 5 cad, mp en el siguiente gr, 5 mp en el siguiente esp de 3 cad; repetir desde * una vez, mp en el siguiente gr, mp en cada uno de las siguientes 5 cad, mp en el gr; unir con pto desl en el primer mp – 36 mp. Cerrar.

Terminación

Rematar las hebras.

Mezclar con estos motivos:

Parche floral

Oro Sol

Pensamiento púrpura

Reciclado

Bluebonnet

59

Biselado

Dificultad: Fácil | Medidas finales: 4″ de lado (10cm)

Este motivo de textura liviana, me recuerda al fondo de un vitreaux ricamente adornado.

PARA EMPEZAR

HILADO
- Hilado semigrueso en dos colores diferentes (A y B)

El motivo mostrado a la izquierda fue realizado usando Plymouth Encore Worsted (75% acrílico, 25% lana, ovillos de 3.5 oz/ 100 g/ 200 yd/ 183 m) en colores 235 turquoise (A) y 1382 yellow (B).

AGUJA
- Aguja de crochet medida K/ 10 ½ (6.5 mm) o cualquier otra medida para obtener la muestra.

MUESTRA
- Hilera 1 – 2 del patrón: 2 ¼ ″ (6cm)

Motivo

Nota: todas las hileras están trabajadas del DL.
Con A, 4 cad, unir con pto deslizado para formar un anillo.

HILERA 1: com gr en el anillo, 3 cad; *gr, 3 cad en el anillo; repetir desde * 5 veces, 3 cad; unir con pto desl en el extremo del gr de comienzo – 6 gr y 6 esp de 3 cad. Cerrar.

HILERA 2: Unir B con un mp en cualquier gr, 3 cad (cuentan como una vs), (vd, vs) en el mismo pto; *3 vs en el esp de 3 cad, vs en el siguiente pto, 3 vs en el esp de 3 cad, (vs, vd, vs) en el siguiente pto, repetir desde * una vez, 3 vs en el esp de 3 cad, vs en el próximo pto, 3 vs en el siguiente esp de 3 cad; unir con pto desl al extremo del comienzo de 3 cad –3vd, 27 vs. Cerrar.

HILERA 3: Unir A con pto desl en cualquier vd, 2 cad, (cuentan como una mv), (vs, mv) en el mismo pto; *mp en los siguientes 9 ptos, (mv, vs, mv) en el siguiente pto; repetir desde * una vez, mp en los siguientes 9 ptos; unir con pto desl al extremo del comienzo de 2 cad –3vs, 6 mv, 27 mp. Cerrar.

Terminación

Rematar las hebras.

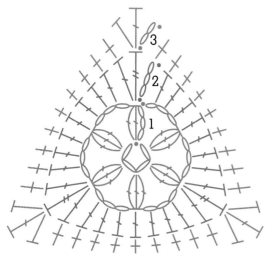

Mezclar con estos motivos:

Reina del drama

Sereno

Parche OVNI

Óvalo en un rectángulo

Cuadrado de Oscar

Fogata

Dificultad: Fácil | Medidas finales: 4" de lado (10cm)

Este motivo rememora una mañana clara luego de una fogata de otoño.

PARA EMPEZAR

HILADO

• Hilado semigrueso en tres colores diferentes (A, B y C)

El motivo mostrado a la derecha fue realizado usando Caron Simply Soft (100% acrílico, ovillos de 6 oz/ 170 g/ 315 yd/ 288 m) en colores 9742 grey heather (A) y 9703 bone (B); Caron Simply Soft Eco (80% acrílico, 20% polyester reciclado NatureSpun Post-Consumer, ovillos de 5 oz/ 142 g/ 249 yd/ 227m) en color 0033 charcoal (C).

AGUJA

• Aguja de crochet medida K/ 10 ½ (6.5 mm) o cualquier otra medida para obtener la muestra.

MUESTRA

• Hilera 1 – 2 del patrón: 2 ¼ " (6cm)

PUNTOS ESPECIALES

• mvad: media vareta por adelante

Motivo

Nota: todas las hileras están trabajadas del DL.
Con A, 4 cad, unir con pto deslizado para formar un anillo.

HILERA 1: (4 cad, pto desl) en el anillo 6 veces – 6 esp de 4 cad. Cerrar.

HILERA 2: Unir B con un mp en cualquier esp de 4 cad; *2 cad, (mp, mv,mp) en el siguiente espacio de 4 cad, 2 cad, mp en el siguiente esp de 4 cad; repetir desde * una vez, 2 cad, (mp, mv,mp) en el esp de 4 cad, 2 cad, unir con un pto desl al primer mp, no cerrar –9 mp, 3 mv.

HILERA 3: 3 cad (cuentan como una vs); *3 vs en el esp de 2 cad, vs en el siguiente pto, (vs, vd, vs) en el próximo pto, vs en el siguiente pto, 3 vs e el esp de 2 cad, vs en el siguiente pto; repetir desde * una vez, 3 vs e el esp de 2 cad, vs en el siguiente pto, (vs, vd, vs) en el próximo pto, vs en el siguiente pto, 3 vs e el esp de 2 cad, unir con un pto desl al extremo del comienzo de 3 cad—33 vs, 3vd. Cerrar.

HILERA 4: Unir C com mp en el 3er pto de cualquier esq de 3 ptos, mp en los siguientes 10 ptos, mvhad en el siguiente pto; *mp en los siguientes 11 mp, mvhad en el siguiente pto; repetir desde *una vez; unir con un pto desl al primer mp –3 mvad, 33 mp. Cerrar.

Terminación

Rematar las hebras.

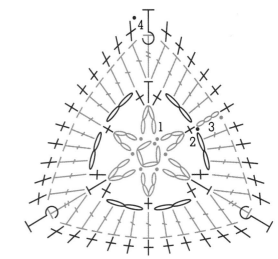

Mezclar con estos motivos:

Hexágono dorado

Acapulco

Huella dactilar

Cosecha

Tarta de frambuesa

¡Pruébalo!
Dificultad: Fácil | Medidas finales: 4" de lado (10cm)

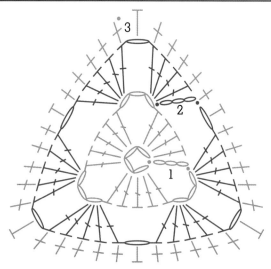

¿Por qué no probarlo? Este motivo tiene los colores de Estados Unidos y la hice durante uno de los eventos más populares aquí: ¡un juego de básquetball!

PARA EMPEZAR

HILADO
• Hilado semigrueso en tres colores diferentes (A, B y C)

El motivo mostrado a la izquierda fue realizado usando Spud & Chloe Sweater (35% lana superwash, 45% algodón orgánico, madejas de 3.5 oz/ 100 g/ 160 yd/ 146 m) en colores 7509 firecracker (A), 7506 toast (B) y 7504 lake (C).

AGUJA
• Aguja de crochet medida K/ 10 ½ (6.5 mm) o cualquier otra medida para obtener la muestra.

MUESTRA
• Hilera 1 del patrón: 2 " (5cm) de lado

Motivo

Nota: todas las hileras están trabajadas del DL. Los motivos pueden ser unidos fácilmente luego de ser asentados húmedos para alcanzar la medida. (ver pág 13).

Con A, 4 cad, unir con pto deslizado para formar un anillo.

HILERA 1: cad (cuentan como una vs), 4vs en el anillo; * 3 cad, 5vs en el anillo; repetir desde * una vez, 3 cad; unir con pto desl al extremo del comienzo de 3 cad—15 vs, 3 esp de 3 cad. Cerrar.

HILERA 2: Unir B con pto desl en la primer cad de cualquier esq de 3 cad, 3 cad (cuentan como una vs), 4 vs más en el mismo pto, 1 cad, saltear 1 cad, 5 vs en la siguiente cad, 1 cad, saltear 5 ptos; * 5 vs en la próxima cad, 1 cad, saltear 1 cad, 5 vs en la siguiente cad, 1 cad, saltear 5 ptos; repetir desde * una vez; unir con pto desl al extremo del comienzo de 3 cad—30 vs, 6 esp de 1 cad. Cerrar.

HILERA 3: Unir C com mp en el primer pto luego de una esquina de 1 cad, mp en las siguientes 4 vs, mv en el esp de 1 cad; * mp en las siguientes 5 vs, mp en el esp de 1 cad, repetir desde * 4 veces más; unir con pto desl al primer mp –30 mp, 6 mv. Cerrar.

Terminacipón

Rematar las hebras.

Mezclar con estos motivos:

Diversion aterradora

Granny octagonal

Ojalitos

Fantástico

Hierro forjado

Simplicidad
Dificultad: Fácil | Medidas finales: 4" de lado (10cm)

Este encantador motivo con sólo tres hileras es muy simple. Los abanicos de las esquinas y los suaves colores le dan un toque victoriano.

PARA EMPEZAR

HILADO

• Hilado semigrueso en dos colores diferentes (A y B)

El motivo mostrado a la derecha fue realizado usando Caron Simply Soft (100% acrílico) ovillos de 6 oz/ 170 g/ 315 yd/ 288 m) en colores 9719 soft pink (A) y 9722 plum wine (B).

AGUJA

• Aguja de crochet medida K/ 10 ½ (6.5 mm) o cualquier otra medida para obtener la muestra.

MUESTRA

• Hilera 1 – 2 del patrón: 2 ¼ " (6cm)

PUNTOS ESPECIALES

• mvad= media vareta por adelante

• 3vsadjuntas= 3 varetas simples por la hebra de adelante tejidas juntas

Motivo

Nota: todas las hileras están trabajadas del DL.
Con A, 3 cad, unir con pto deslizado para formar un anillo.

HILERA 1: 3 cad (cuentan como una vs), 8vs en el anillo; unir con pto desl al extremo del comienzo de 3 cad, no cerrar —9vs.

ROUND 2: 3 cad (cuentan como una vs), vs más en el mismo pto, 2 vs en cada uno de los siguientes 8 ptos; unir con pto desl al extremo de la vs del comienzo —18 vs. Cerrar.

ROUND 3: Unir B com pto desl en cualquier pto, 4 cad (cuentan como una vd), 6 vd en el mismo pto; * 2cad, saltear 1 pto, 3vsadjuntas en los siguientes 3 ptos, 2 cad, saltear 1 pto, 7 vd en el prox pto; repetir desde * una vez, 2cad, 3vsadjuntas en los siguientes 3 ptos, 2 cad, saltear 1 pto; unir con pto desl al extremo del comienzo de 4 cad —21 vd, 3 3vsadjuntas, 6 esp de 2 cad. Cerrar.

Terminación

Rematar las hebras.

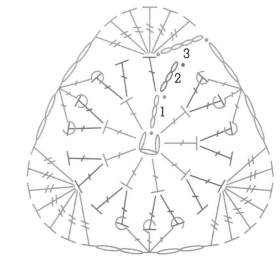

Mezclar con estos motivos:

Triánglo flotante

Marea roja

Rosa octagonal

Lunar

Respaldo

Descentrado

Dificultad: Intermedia | Medidas finales: 4" de base × 3¾" de alto (10cm × 9.5cm)

¿Por qué ser simétrico? Mucho de la belleza de la Naturaleza es asimétrico, entonces tendremos diversión con un descentrado! Combina éste en una gran variedad de colores para una manta.

PARA EMPEZAR

HILADO

• Hilado semigrueso en tres colores diferentes (A, B y C)

El motivo mostrado a la izquierda fue realizado usando Caron Simply Soft (100% acrílico) ovillos de 6 oz/ 170 g/ 315 yd/ 288 m) en colores 9703 bone (A), 9707 dark sage (B) y 9726 soft yellow (C).

AGUJA

• Aguja de crochet medida K/ 10 ½ (6.5 mm) o cualquier otra medida para obtener la muestra.

MUESTRA

• Hilera 1 – 2 del patrón: 2 ¼ " (6cm)

Motivo

Nota: todas las hileras están trabajadas del DL.
Con A, 4 cad, unir con pto deslizado para formar un anillo.

HILERA 1: 4 cad (cuentan como una vd), 6vd en el anillo, 4 cad, gr en el anillo, 4 cad; unir con pto desl al extremo del comienzo de las 4 cad—7vd, 1 gr, .2 esp de 4 cad. Cerrar.

HILERA 2: Unir B con mp en el gr, 6 mp en el siguiente esp de 4 cad, 2 mp en cad uno de los siguientes 7 ptos, 6 mp en el siguiente esp de 4 cad; unir con un pto desl al primer mp –27 mp. Cerrar

HILERA 3: Unir C con mp en el pto arriba del gr; *mp en el siguiente pto, mv en cada uno de los siguientes 2 ptos, vs en cada uno de los siguientes 2 ptos, vd en cada uno de los siguientes 2 ptos, 2cad, saltear 1 pto**, mp en el siguiente pto, repetir desde * una vez, repetir desde * hasta **una vez; unir con un pto desl al primer mp, no cerrar –6 mp, 6 mv, 6vs, 6 vd, 3 esp de 2 cad.

HILERA 4: 1 cad, mp en el mismo pto, mp en cad uno de los siguientes 6 ptos; 3 mp en el siguiente pto, 2 mp en el siguiente esp de 2 cad**, mp en cad uno de los siguientes 7 ptos; repetir desde * una vez; repetir desde * hasta ** una vez; unir con un pto desl al primer mp –36 mp. Cerrar.

Terminación

Rematar las hebras.

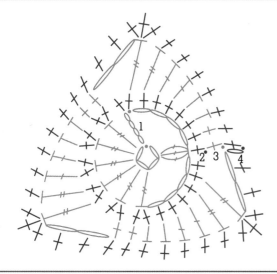

Mezclar con estos motivos:

Gerbera

Centelleo

South Beach

Pruébalo

Atardecer púrpura

Acapulco

Dificultad: Intermedia | Medidas finales: 4½" de base × 4¼" de alto (11.5cm × 11cm)

¿Puedes oir la música del calipso de fondo? Inspirado por un cielo azul, su clima cálido y un cocktail frutal, este motivo dice: "Acapulco". Una mezcla interesante de puntos pasados por adelante y puntos largos, hacen de este triángulo una pequeña joya texturada.

PARA EMPEZAR

HILADO

• Hilado semigrueso en tres colores diferentes (A, B y C)

El motivo de la derecha fue realizado usando TLC Essentials (100% acrílico) ovillos de 6 oz/ 170 g/ 312 yd/ 285 m) en colores 2820 (A), 2690 (B); Red Heart Super Saver (100% acrílico) ovillos de 7 oz/ 198 g/ 364 yd/ 333 m (C).

AGUJA

• Aguja de crochet medida K/ 10 ½ (6.5 mm) o cualquier otra medida para obtener la muestra.

MUESTRA

• Hilera 1 – 2 del patrón: 2 ¼ " (6cm)

Motivo

Nota: todas las hileras están trabajadas del DL.
Con A, 4 cad, unir con pto deslizado para formar un anillo.

HILERA 1: 3 cad (cuentan como una vs), 2 mp en el anillo, 4 cad; (3 vs, 4 cad) 2 veces en el anillo; unir con pto desl al extremo del comienzo de las 3 cad—9vs, 3 esp de 4 cad. Cerrar.

HILERA 2: Unir B con mp en cualquier esp de 4 cad; *vsad alrededor de cada uno de las siguientes 3 vs, (mp, 4cad, mp) en el siguiente esp de 4 cad; repetir desde * una vez, vsad alrededor de las siguientes 3 vs, mp en el esp de 4cad, 4 cad; unir con pto desl al primer mp –9vsad, 6mp, 3 esp de 4 cad. Cerrar.

HILERA 3: Unir C con mp en cualquier esp de 4 cad; *mp, una vs larga en el esp de 4 cad de la hilera 1, 2 mp) en el mismo esp de 4 cad de la hilera actual, mp en el siguiente pto, [trabajando por detrás de la vsad de la hilera 2, vs en la siguiente vs de la hilera 1, mp en el siguiente pto de la hilera 2] dos veces**, mp en el siguiente esp de 4 cad; repetir desde * una vez; repetir desde * hasta ** una vez; unir con pto desl al primer mp –9vs, 21mp. Cerrar.

HILERA 4: Unir A con mp en cualquier vs de cualquier esq, uina, (mv, mp) en el mismo pto, *mp en los siguientes 9 ptos, (mp, vs, mp) en el próximo pto; repetir desde *2 veces, mp en los siguientes 9 ptos; unir con pto desl al primer mp –3mv, 33mp. Cerrar.

Terminación

Rematar las hebras.

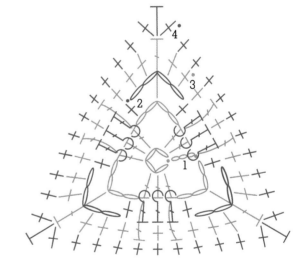

Mezclar con otros motivos:

Simplicidad

South Beach

Captáin del equipo

Huracán

Fantástico

HEXÁGONOS

Los hexágonos son el nuevo negro. Resultan a
menudo, más interesantes que los cuadrados y
logran un tejido sin huecos cuando se los agrupa.
Mantén tus ojos abiertos para descubrir hexágonos; es muy común observarlos en baldosas,
alfombras y diseños de ladrillos. Déjate inspirar
por ellos para tu propio diseño hexagonal.

Estos motivos se combinan sin intersticios
cuando se unen sus lados. Los bordes del proyecto
terminado serán irregulares salvo que los huecos
alrededor de los bordes sean rellenados con
medios-hexágonos o con dos o tres triángulos.

La manera más fácil de ensamblar hexágonos
es encolumnarlos, y luego dejar que las columnas se amalgamen para crear un esquema
compensado.

Además de combinar con otros hexágonos, se
combinan naturalmente con triángulos ya que un
hexágono está conformado por seis triángulos.

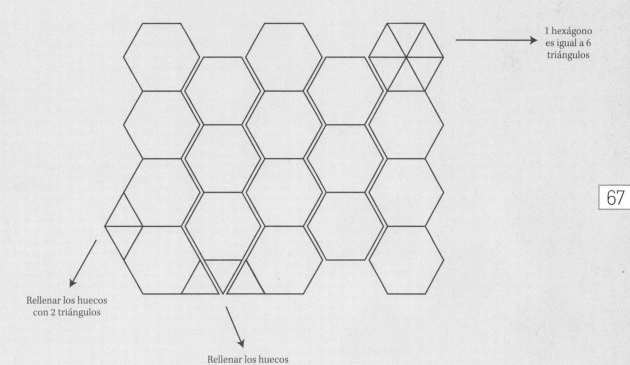

1 hexágono
es igual a 6
triángulos

Rellenar los huecos
con 2 triángulos

Rellenar los huecos
con 3 triángulos

Hexágono dorado

Dificultad: Fácil | Medidas finales: 5" (13 cm) de lado a lado

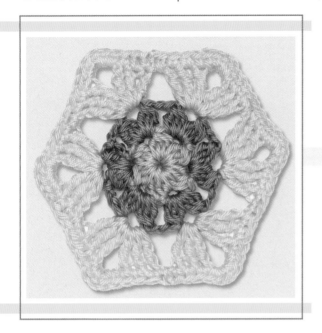

¿Quién no amaría esta pequeña flor de pensamiento? Me recuerda a los lirios. Amo las varetas dobles alargadas y estriadas. ¡Teje al crochet un ramo de estas flores!

PARA EMPEZAR

YARN

• Hilado semigrueso en tres colores diferentes (A, B y C)

El motivo mostrado a la izquierda fue realizado usando Caron Simply Soft (100% acrílico) ovillos de 6 oz/ 170 g/ 315 yd/ 288 m) en colores 9703 bone (A), 9722 plum wine (B) y 9945 sunshine (C).

AGUJA

• Aguja de crochet medida K/ 10 ½ (6.5 mm) o cualquier otra medida para obtener la muestra.

MUESTRA

• Hilera 1 – 2 del patrón: 3" (8cm)

Motivo

Nota: todas las hileras están trabajadas del DL.
Con A, 4 cad, unir con pto deslizado para formar un anillo.

HILERA 1: com gr en el anillo, 2 cad, (gr, 2 cad) en el anillo 5 veces; unir con pto desl al extremo del comienzo del gr—6 gr y 6 esp de 2 cad. Cerrar.

HILERA 2: Unir B con pto desl en cualquier esp de 2 cad; (com gr, 2 cad, gr) en el mismo esp, 1 cad, (gr, 2 cad, gr, 1 cad) en cada uno de los esp de 2 cad hasta el final; unir con pto desl al extremo del comienzo del gr—12 gr, 6 esq de 2 cad y 6 esp laterales de 1 cad. Cerrar.

HILERA 3: Unir C con pto desl en cualquier esp de 2 cad, 4 cad (cuentan como una vd), (2vd, 3 cad, 3vd) en el mismo esp, 1 cad; *saltear el siguiente esp de 1 cad, (3vd, 3 cad, 3vd, 1 cad) en el siguiente esp de 2 cad; repetir desde * hasta el final, saltear el próximo esp de 1 cad; unir con pto desl al extremo del comienzo de 4 cad, no cerrar—36 vd, 6 esp de 3 cad y 6 esp de 1 cad.

HILERA 4: 1 cad, mp ene 1 mismo pto, mp en los siguientes 2 ptos; *5 mp en el próximo esp de 3 cad, mp ene 1 siguiente espde 1 cad**, mp en los siguientes 3 ptos; repetir desde * alrededor, terminando la ultima repetición en **; unir con pto desl al primer mp—72 mp. Cerrar.

Terminación

Rematar las hebras.

Mezclar con estos motivos:

Bluebonnet

Neapolitan

Rosa octogonal

Gerbera

Triángulo flotante

Día floreado

Dificultad: Fácil | Medidas finales: 5" (13cm) de punta a punta

Disfrútalas durante todo el año. Las flores del duraznero sobresalen del follaje verde del fondo.

PARA EMPEZAR

HILADO

• Hilado semigrueso en dos colores diferentes (A y B)

El motivo mostrado a la derecha fue realizado usando Red Heart Eco – Ways (70% acrílico, 30% polyester reciclado, ovillos de 4oz/ 113 g/ 186 yd/ 170 m) en colores 3422 yam (A) y 1615 lichen (B).

AGUJA

• Aguja de crochet medida K/ 10 ½ (6.5 mm) o cualquier otra medida para obtener la muestra.

MUESTRA

• Hilera 1 – 3 del patrón: 3 ½ " (9cm)

Motivo

Nota: todas las hileras están trabajadas del DL.

Con A, 4 cad, unir con pto deslizado para formar un anillo.

HILERA 1: 3 cad, (cuentan como la primera vs) 11 vs en el anillo; unir con pto desl al extremo del comienzo de 3 cad, no cerrar —12vs.

HILERA 2: 1 cad, mp en el mismo pto, 6 cad, saltear 1 pto; *mp en el siguiente pto, 6 cad, saltear 1 pto; repetir desde * 5 veces más; unir con pto desl al primer mp, no cerrar—6 mp, 6 esp de 6 cad.

HILERA 3: 1 cad, mp en el primer pto, 7 mp de 6 cad; *mp en el siguiente pto, 7 mp en el esp de 6 cad; repetir desde * 4 veces más; unir con pto desl al primer mp—48 mp. Cerrar.

HILERA 4: unir B con mp en el 2do mp de cualquier gr de 7 mp, mp en el siguiente pto, 3 mp en el siguiente pto, mp en los siguientes 2 ptos, 3cad, saltear 3 ptos, * mp en los siguientes 2 ptos, 3 mp en el siguiente pto, mp en los siguientes 2 ptos, 3 cad, saltear 3 ptos; repetir desde *4 veces más; unir con pto desl al primer mp, no cerrar— 6 esp de 3 cad, 42 mp.

HILERA 5: 1 cad, mp en el primer pto, mp en los siguientes 2 ptos, 3 mp en el siguiente pto; *mp en los siguientes 3 ptos, 3 cad, saltear el esp de 3 cad, mp en los siguientes 3 ptos**, 3 mp en el siguiente pto; repetir desde * 4 veces más; repetir desde * hasta ** una vez; unir con pto desl al primer mp—6 esp de 3 cad, 54 mp. Cerrar.

Terminación

Rematar las hebras.

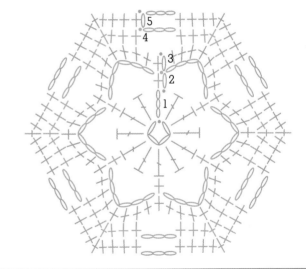

Mezclar con estos motivos:

El ultimo arándano

Fantástico

Octógono floral

Parche floral

Bluebonnet

Cosecha

Dificultad: Fácil | Medidas finales: 6¼" (16cm) de punta a punta.

Los crisantemos son muy comunes durante el otoño en nuestra parte central de Estados Unidos. Amo el tamaño de éste en particular, fácilmente logrado con puntos pop-corn.

PARA EMPEZAR

HILADO

• Hilado semigrueso en dos colores diferentes (A y B)

El motivo mostrado a la izquierda fue realizado usando Universal Yarns Deluxe Worsted (100% lana) ovillos de 3.5 oz/ 100 g/ 220 yd/ 200 m) en colores 12182 gold spice (A) y 12183 city turf (B).

AGUJA

• Aguja de crochet medida K/ 10 ½ (6.5 mm) o cualquier otra medida para obtener la muestra.

MUESTRA

• Hilera 1 – 2 del patrón: 3 ½ " (9cm) de lado a lado

PUNTOS ESPECIALES

• com pop= comienzo del pto pop corn

• pop= popcorn (5vs)

Motivo

Nota: todas las hileras están trabajadas del DL.
Con A, 4 cad, unir con pto deslizado para formar un anillo.

HILERA 1: com pop en el anillo,*3 cad, pop en el anillo; repetir desde * 4 veces más; 3 cad; unir con pto desl al extremo del com pop—6 pop, 6 esp de 3 cad. Cerrar.

HILERA 2: Unir B con pto desl en cualquier esp de 3 cad; 4 cad (cuentan como vd), 4 vd más en el mismo esp, 2 cad; *5vd en el siguiente pto, 2 cad; repetir desde * 4 veces más; unir con pto desl al extremo del comienzo de 4 cad, no cerrar—30 vd, 6 esp de 2 cad.

HILERA 3: 3 cad (cuentan como vs), vs en cada uno de los próximos 4 ptos, 5 vs en el siguiente esp de 2 cad; * vs en cada uno de los siguiente 5 ptos, 5 vs en el esp de 2 cad; repetir desde * 4 veces más; unir con pto desl al extremo del comienzo de 3 cad, no cerrar—60 vs. Cerrar.

HILERA 4: unir A com mp en la vs central de una esquina de 5 vs, 2 mp en el mismo pto, mp en cada uno de los siguientes 4 ptos; *vdad alrededor de la vd central del grupo de 5 vd de la hilera 2, saltear el pto que está atrás de la vdad recién hecha, mp en cad uno de los siguientes 4 ptos **, 3 mp en el siguiente pto, mp en cad uno de los siguientes 4 ptos; repetir desde * 4 veces más; repetir desde * hasta ** una vez –6 vdad, 66 mp. Cerrar.

Terminación

Rematar las hebras.

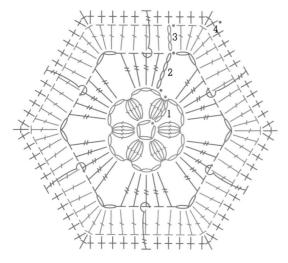

Mezclar con estos motivos:

Ojalitos

Lunar

Acapulco

Atardecer púrpura

Centelleo

Huracán

Dificultad: Intermedia | Medidas finales: 6" (15cm) de lado a lado

Para mi amiga, que tenía una floreciente guardería de niños antes del huracán Katrina; el color rosa es el ojo de la tormenta, el color amarillo la esperanza del futuro.

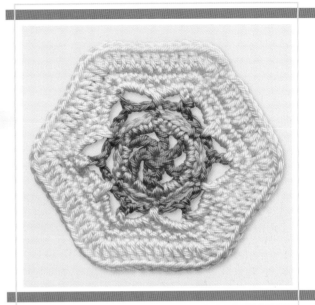

PARA EMPEZAR

HILADO
• Hilado semigrueso en cuatro colores diferentes (A, B, C y D)

AGUJA
• Aguja de crochet medida K/ 10 ½ (6.5 mm) o cualquier otra medida para obtener la muestra.

MUESTRA
• Hilera 1 – 3 del patrón: 3" (8cm)

PUNTOS ESPECIALES
• Picot: 3 cad, pto desl en la 2da cad desde la aguja

Motivo

Nota: todas las hileras están trabajadas del DL.

Con A, 3 cad, unir con pto deslizado para formar un anillo.

HILERA 1: 6 cad, (cuentan como vd más 2 cad), (vd, 2 cad) 5 veces en el anillo; unir con pto desl al extremo del comienzo de 4 cad –6 vd, 6 esp de 2 cad. Cerrar.

HILERA 2: Unir B con mp en cualquier vd, mp en el mismo pto; *2mp en el siguiente esp de 2 cad, 2 mp en la próxima vd, repetir desde * 4 veces, 2 mp en el siguiente esp de 2 cad; unir con pto desl en el primer mp –24 mp. Cerrar.

HILERA 3: Unir C con mp en cualquier mp; *picot, 2 cad, saltear 3 ptos**, mp en el siguiente pto; repetir desde * 4 veces más; repetir desde * hasta ** una vez, unir con pto desl en el primer mp –6 mp, 6 picots. Cerrar.

HILERA 4: Unir D con mp en cualquier picot; * 6 cad, saltear el siguiente mp, mp en el próximo picot, repetir desde *5 veces, 6 cad; unir con pto desl en el primer mp, no cerrar –6 mp, 6 esp de 6 cad.

HILERA 5: 1 cad, mp en el mismo pto; * 3 mp en el siguiente esp de 6 cad, vs larga en el mp 1 hilera más abajo, 3 mp en el mismo esp de 6 cad**, 1 mp en el próximo pto; repetir desde * 4 veces más; repetir desde * hasta ** una vez, unir con pto desl en el primer mp, no cerrar –42 mp, 6 vs. Cerrar.

HILERA 6: 1 cad, 3 mp en el primer mp, mp en elos siguientes 7 ptos; * 3 mp en el siguiente pto, mp en cada uno de los siguientes 7 ptos; repetir desde * 4 veces más; unir con pto desl en el primer mp, no cerrar –60 mp.

HILERA 7: 3 cad (cuentan como una vs); *3 vs en el siguiente pto, vs en los siguientes 9 ptos; repetir desde * 4 veces más; 3 vs en el próximo pto, vs en los últimos 8 ptos; unir con pto desl en el extremo del comienzo de 3 cad –72 mp. Cerrar.

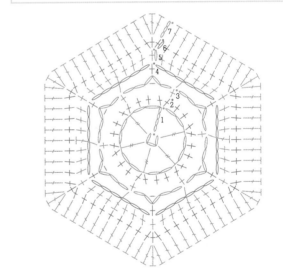

Mezclar con estos motivos:

Paquete de regalo

Hexágono dorado

Bayas

Oro Sol

Pruébalo!

Bluebonnet

Dificultad: Intermedia | Medidas finales: 6" (15cm) de lado a lado

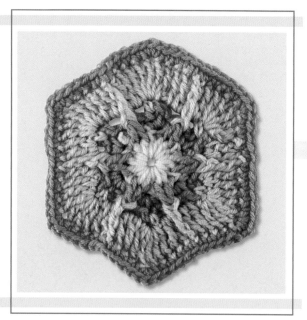

Este diseño me recuerda a las bluebonnet. Pequeñas y encantadoras, estas modestas flores son muy dulces.

PARA EMPEZAR

HILADO

• Hilado semigrueso en tres colores diferentes (A, B y C)

El motivo mostrado a la izquierda fue realizado usando TLC Essentials (100% acrílico, ovillos de 6oz/170g/312 yd/285 m) en colores 2220 butter (A) y 2830 lake blue (C); Red Heart Super Saver (100% acrílico, ovillos de 7 oz/ 198 g/ 364 yd/ 333 m) en color 0885 delft blue (B).

AGUJA

• Aguja de crochet medida K/ 10 ½ (6.5 mm) u otra para la muestra.

MUESTRA

• Hilera 1 – 2 del patrón: 3" (8cm)

Motivo

Nota: todas las hileras están trabajadas del DL.
Con A, 4 cad, unir con pto deslizado para formar un anillo.

HILERA 1: com gr en el anillo, 2 cad, (2 cad, gr) en el anillo 5 veces, 2 cad; unir con pto desl al extremo del comienzo del gr—6 gr y 6 esp de 2 cad. Cerrar.

HILERA 2: Unir B con mp en cualquier gr, 3 cad, mp en el mismo pto; *en el esp de 2 cad: (mp, 2vsjuntas maalrededor de la ultima pierna del primer gr, y la primera pierna del siguiente gr, mp en el mismo esp de 2 cad), en el gr: (mp, 3 cad, mp); repetir desde * 4 veces más, mp en el esp de 2 cad, 2vsjuntas, mp en el mismo esp de 2 cad; unir con pto desl en el primer mp –6 vsjuntas, 24 mp, 6 esp de 3 cad. Cerrar.

HILERA 3: Unir C con mp en cualquier esp de 3 cad; *5 cad, saltear 5 ptos mp en el siguiente esp de 3 cad; repetir desde * 4 veces más, 5 cad; unir con pto desl en el primer mp, no cerrar –6 mp, 6 esp de 5 cad.

HILERA 4: 4 cad (cuentan como 1 vd), 4 vd en el mismo pto; *2 vd en el esp de 5 cad, vdad alrededor de ambas piernas de las 2vsjuntas que se encuentra 2 hileras más abajo en la hilera 2, 2 vd en el mismo esp de 5 cad, 5 vd en el siguiente mp; repetir desde * 4 veces más, 2 vd en el esp de 5 cad, vdad en el siguiente pto, 2 vd en el esp de 5 cad; unir con pto desl en el extremo del comienzo de 4 cad – 54 vd, 6 vdad. Cerrar.

HILERA 5: Unir B con mp en la 3ra vd de la esquina de 5 vd, 2mp en el mismo pto; *mp en los siguientes 9 ptos, 3mp en el siguiente pto; repetir desde * 4 veces más, mp en los últimos 9 ptos; unir con pto desl en el primer mp –72 mp. Cerrar.

Terminación

Rematar las hebras.

Mezclar con estos motivos:

Atardecer púrpura

Cosecha

Cuadrado de Oscar

Acapulco

Vintage

Marea roja

Dificultad: Intermedia | Medidas finales: 6" (15cm) de punta a punta

La textura ondulada me recuerda a una ola en el océano durante la enigmática marea roja. Seguramente serán peces tropicales rojos, ¿no es así?

PARA EMPEZAR

HILADO

• Hilado semigrueso en tres colores diferentes (A, B y C)

El motivo mostrado a la derecha fue realizado usando Bernat Satin (100% acrílico, ovillos de 3.5 oz/100g/163 yd/149 m) en colores 04531 rouge (A), 04222 fern (B) y 04141 sapphire (C).

AGUJA

• Aguja de crochet medida K/ 10 ½ (6.5 mm) o cualquier otra medida para obtener la muestra.

MUESTRA

• Hilera 1 – 2 del patrón: 3" (8cm) de lado a lado

PUNTOS ESPECIALES

• com pop= comienzo del pto pop corn

• pop= popcorn (5vs)

Motivo

Nota: todas las hileras están trabajadas del DL.
Con A, 3 cad, unir con pto deslizado para formar un anillo.

HILERA 1: 4 cad (cuentan como una vs más 1 cad), (vs, 1 cad) 5 veces en el anillo; unir con pto desl en la 3er cad del com de 4 cad, no cerrar —6 vs, 6 esp de 1 cad.

HILERA 2: com pop en el primer pto, 4 cad, saltear 1 esp de 1 cad; *pop en el siguiente pto, 4 cad, saltear 1 esp de 1 cad; repetir desde * 4 veces más; unir con pto desl al extremo del com del pop— 6 pop, 6 esp de 4 cad. Cerrar.

HILERA 3: Unir B com pto desl en cualquier esp de 4 cad, 4 cad (cuentan como la primera vd) 6 vd más en el mismo esp; *2 cad, saltear pop, 7 vd en el próximo esp de 4 cad; repetir desde * 4 veces más, 2 cad, saltear pop, unir con pto desl al extremo del comienzo de 4 cad—42 vd, 6 esp de 2cad. Cerrar.

HILERA 4: Unir C con pto desl en cualquier esp de 2 cad, 3 cad (cuentan como vs) 2 vs más en el mismo esp, vsatr alrededor de los siguientes 7 ptos; * 3 vs en el esp de 2 cad, vsatr alrededor de los siguientes 7 ptos; repetir desde * 4 veces más, unir con pto desl al extremo del comienzo de 3 cad—42 vsatr, 18 vs. Cerrar.

HILERA 5: Unir A con mp en la vs central de cualquier esquina de 3vs, 2 mp en el mismo pto, mp en cada uno de los siguientes 9 ptos; *3 mp en el próximo pto, mp en cada uno de los siguientes 9 ptos; repetir desde * 4 veces más; unir con pto desl al primer mp—72 mp. Cerrar.

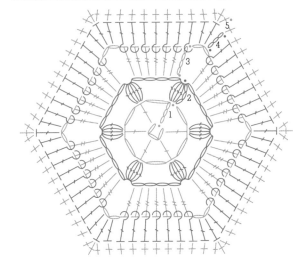

Mezclar con estos motivos:

Lunar

Capitán del equipo

Gerbera

Parche OVNI

Reina del Drama

73

Centelleo

Dificultad: Intermedia | Medidas finales: 6½" (17cm) de punta a punta

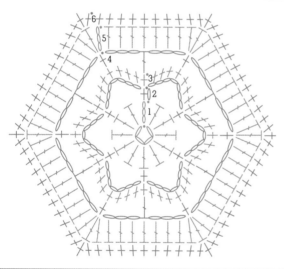

La canción en inglés "Twinkle, twinkle, Little star..." fue escrita por las hermanas Ann y Jane Taylor como un fragmento de las "Variaciones para piano" de Mozart. Este pequeño motivo me recuerda a esta melodía de la infancia por excelencia.

PARA EMPEZAR

HILADO

• Hilado semigrueso en dos colores diferentes (A y B)

El motivo mostrado a la derecha fue realizado usando Bernat Satin (100% acrílico, ovillos de 3.5 oz/100g/163 yd/149 m) en colores 04141 sapphire (A) y 04222 fern (B).

AGUJA

• Aguja de crochet medida K/ 10 ½ (6.5 mm) o cualquier otra medida para obtener la muestra.

MUESTRA

• Hilera 1 – 3 del patrón: 4 " (10cm)

Motivo

Nota: todas las hileras están trabajadas del DL.

Con A, 3 cad, unir con pto deslizado para formar un anillo.

HILERA 1: 3 cad, (cuentan como la primera vs) 11 vs en el anillo; unir con pto desl al extremo del comienzo de 3 cad, no cerrar –12vs.

HILERA 2: 1 cad, mp en el primer pto, 7 cad, saltear 1 pto; *mp en el siguiente pto, 7 cad, saltear 1 pto; repetir desde * 4 veces más; unir con pto desl al primer mp, no cerrar—6 mp, 6 esp de 7 cad.

HILERA 3: Unir B con mp en cualquier mp, mp en las siguientes 7 cad, * mp en el siguiente mp, mp en las siguientes 7 cad; repetir desde * 4 veces más; unir con pto desl al primer mp —48 mp. Cerrar.

HILERA 4: Unir A con mp en el 2do mp en el 4to mp de los 7 mp de lado; *3 cad, saltear 3 mp, vs en el próximo pto, 3 cad**, saltear 3 ptos, mp en el siguiente mp; repetir desde * 4 veces más; repetir desde * hasta ** una vez, unir con pto desl al primer mp, no cerrar —6 vs, 6 mp, 12 esp de 3 cad.

HILERA 5: 3 cad, (cuentan como la primera vs), 2 vs en el mismo pto, 3 vs en el siguiente esp de 3 cad, vs en el siguiente pto, 3 vs en el esp de 3 cad; *3 vs en el siguiente pto, 3 vs en el esp de 3 cad , vs en el siguiente pto, 3 vs en el esp de 3 cad; repetir desde * 4 veces más; unir con pto desl al extremo del comienzo de 3 cad—60 mp. Cerrar.

HILERA 6: unir B com mp en la vs central de cualquier esquina de 3 vs, 2 mp en el mismo pto, mp en los siguientes 9 ptos; *3 mp en el siguiente mp, mp en los siguientes 9 ptos; repetir desde * 4 veces más; unir con pto desl en el primer mp—72 mp. Cerrar.

Mezclar con estos motivos:

Cereza

Biselado

Marea Roja

Pensamiento púrpura

Triángulo flotante

Hierro forjado

Dificultad: Intermedia | Medidas finales: 4½" (11cm) de lado a lado

Cuando era niña, me gustaba trazar con mi dedo los intrincados giros y vueltas de la baranda de la entrada de mi casa. En este motivo, los espacios son tan interesantes como los puntos mismos.

PARA EMPEZAR

HILADO

• Hilado semigrueso en dos colores diferentes (A y B)

El motivo mostrado a la derecha fue realizado usando Universal Yarns Deluxe Worsted (100% lana) ovillos de 3.5 oz/ 100 g/ 220 yd/ 200 m) en colores 12204 pussywillow gray (A) y 12172 dark crystal (B).

AGUJA

• Aguja de crochet medida K/ 10 ½ (6.5 mm) o cualquier otra medida para obtener la muestra.

MUESTRA

• Hilera 1 – 2 del patrón: 3" (8cm)

Motivo

Nota: todas las hileras están trabajadas del DL.
Con A, 4 cad, unir con pto deslizado para formar un anillo.

HILERA 1: 7 cad (cuentan como una vd más 3 cad); * (vd, 3 cad) 5 veces más en el anillo; unir con pto desl en la 4ta cad del com de 7 cad, no cerrar –6 vd, 6 esp de 3 cad.

HILERA 2: com gr, 5 cad, saltear el siguiente esp de 3 cad; *gr en la siguiente vd, 5 cad, saltear el siguiente esp de 3 cad; repetir desde * 5 veces más; unir con pto desl al extremo del com del gr— 6 gr, 6 esp de 5 cad. Cerrar.

HILERA 3: Unir B com mp en cualquier gr, 5 cad, mp en el mismo pto, *5 mp en el esp de 5 cad, (mp, 5 cad, mp) en el próximo gr; repetir desde * 4 veces más; 5 mp en el esp de 5 cad, unir con pto desl al primer mp, no cerrar— 6 esp de 5 cad, 42 mp.

HILERA 4: Unir C com pto desl en cualquier esp de 2 cad, 3 cad (cuentan como vs) 2 vs más en el mismo esp, vsatr alrededor de los siguientes 7 ptos; * 3 vs en el esp de 2 cad, vsatr alrededor de los siguientes 7 ptos; repetir desde * 4 veces más, unir con pto desl al extremo del comienzo de 3 cad—42 vsatr, 18 vs. Cerrar.

HILERA 5: *7 mp en el esp de 5 cad, 5 cad, saltear los siguientes 7 mp; repetir desde * 5 veces más, unir con pto desl al primer mp—6 esp de 5 cad, 42 mp. Cerrar.

Mezclar con estos motivos:

Vintage

Granny octagonal

Camafeo

Ojalitos

Biselado

Brillante

Dificultad: Intermedia | Medidas finales: 6½" (17cm) de punta a punta

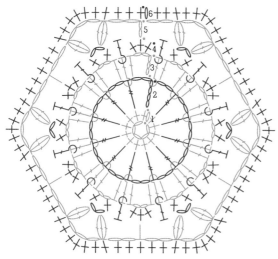

Al igual que un brillante corte de diamante, este intrincado hexágono llama la atención.

PARA EMPEZAR

HILADO

• Hilado semigrueso en dos colores diferentes (A y B)

El motivo mostrado a la izquierda fue realizado usando Louet Gems (100% lana merino) ovillos de 3.5 oz/ 100 g/ 94 yd/ 86 m) en colores 66 bright blue (A) y 42 eggplant (B).

AGUJA

• Aguja de crochet medida K/ 10 ½ (6.5 mm) o cualquier otra medida para obtener la muestra.

MUESTRA

• Hilera 1 – 2 del patrón: 3" (8cm)

Motivo

Nota: todas las hileras están trabajadas del DL.
Con A, 5 cad, unir con pto deslizado para formar un anillo.

HILERA 1: 1 cad, 12 mp en el anillo; unir con pto desl en el primer mp, no cerrar –12mp.

HILERA 2: 6 cad (cuentan como una vd más 2 cad); *vd en el siguiente pto, 2 cad; repetir desde * 10 veces más; unir con pto desl a la 4ta cad del comienzo de 6 cad— 12 vd, 12 esp de 2 cad. Cerrar.

HILERA 3: Unir B com pto desl en cualquier esp de 2 cad, 5 cad (cuentan como una vs más 2 cad), vs en el mismo esp, *vsad alrededor de la siguiente vd, (vs, 2 cad, vs) en el próximo esp de 2 cad; repetir desde * 10 veces más; *vsad alrededor de la vd; unir con pto desl a la 3er cad del comienzo de 5 cad— 12 vdad, 24 vs. Cerrar.

HILERA 4: Unir A con mp en cualquier esp de 2 cad, 2 mp más en el mismo esp; *saltear 1 pto, vsad alrededor del siguiente pto, saltear 1 pto, (mp, 2 cad, mp) en el siguiente esp de 2 cad, saltear 1 ptos, vsad alrededor del siguiente pto, ** saltear 2 pto, 3 mp en el siguiente esp de 2 cad; repetir desde * 4 veces más; repetir desde * hasta ** una vez, unir con pto desl en el primer mp, no cerrar –60mp, 12 vsad y 6 esp de 2 cad. Cerrar.

HILERA 5: Unir B con pto desl en el mp central de cualquier esp de 3 mp, 4 cad (cuentan como mv más 2 cad) *saltear los siguientes 3 ptos, (gr, 3 cad, gr) en el esp de 2 cad, saltear 3 ptos**mv en el siguiente mp de 2 cad; repetir desde * 4 veces más; repetir desde * hasta ** una vez, unir con pto desl en la 2da cad del comienzo de 4 cad, no cerrar –60mp, 12 gr y 6 mv.

HILERA 6: 1 cad, mp en el mismo pto, *2 mp en el esp de 2 cad, mp en el gr, 5 mp en el esp de 3 cad, mp en el siguiente pto, 2 mp en el esp de 2 cad**, mp en el siguiente pto; repetir desde * 4 veces más; repetir desde * hasta ** una vez, unir con pto desl en el primer mp –72 mp. Cerrar.

Mezclar con estos motivos:

Hexágono dorado

Cereza

Descentrado

Diversión aterradora

Huracán

Parche OVNI

Dificultad: Avanzado | Medidas finales: 6½" (17cm) de punta a punta

Este puede ser un parche moderno en el uniforme de un astronauta.

PARA EMPEZAR

HILADO
• Hilado semigrueso en dos colores diferentes (A y B)

AGUJA
• Aguja de crochet medida K/ 10 ½ (6.5 mm) u otra para la muestra.

MUESTRA
• Hilera 1 – 3 del patrón: 3 ½ " (9cm) a lo largo de un lado

Motivo

Nota: todas las hileras están trabajadas del DL.
Con A, 4 cad, unir con pto deslizado para formar un anillo.

HILERA 1: 3 cad (cuentan como una vs), 4vs en el anillo; * 2 cad, 5vs en el anillo; repetir desde * una vez, 2 cad; unir con pto desl al extremo del comienzo de 3 cad—15 vs, 3 esp de 2 cad. Cerrar.

HILERA 2: Unir B con pto desl en la 5ta vs de un gr de 5 vs anterior a cualquier esquina de 2 cad, 3 cad (cuentan como una vs), 4 vs más en el mismo pto, 3 cad, saltear el esp de 2 cad, 5 vs en el siguiente pto, 1 cad, saltear 3 ptos, 5 vs en el próximo pto, 3 cad, saltear el esp de 2 cad, 5 vs en el siguiente pto, 1 cad, saltear 3 ptos, 5 vs en el siguiente pto, 3 cad, saltear el esp de 2 cad, 5 vs en el siguiente pto, 1 cad; unir con pto desl al extremo del comienzo de 3 cad—30 vs, 3 esp de 3 cad, 3 esp de 1 cad. Cerrar.

HILERA 3: Trabajando por detrás de la hilera 2, unir A con pto desl en cualquier esp de 2 cad de la hilera 1, 4 cad (cuentan como vd), 4 vd en el mismo esp, 3 cad, saltear 5 ptos de la hilera 2, 5 vd en la vs central del siguiente grupo de 5 vs de la hilera 1, 3 cad; * 5 vd en el siguiente esp de 2 cad de la hilera 1, 3 cad, 5vd en la vs central del grupo de 5 vs de la hilera 1, 3 cad; repetir desde *una vez, unir con pto desl al extremo del comienzo de 4 cad, no cerrar—30 vd, 6 esp de 3 cad.

HILERA 4: 3 cad (cuentan como una vs), vs en los próximos 4 ptos; *(2vs, vd, 2vs) en la esquina de 3 cad, vs en los siguientes 5 ptos; repetir desde * 4 veces más; *(2vs, vd, 2vs) en la esp de 3 cad; unir con pto desl al extremo del comienzo de 3 cad—6 vd, 54 mp. Cerrar.

HILERA 5: Unir B con mp en una esquina de vd anterior a cualquier esq de 3 cad en la hilera 2, 2 mp en el mismo pto; *mp en los siguientes 4 ptos, trabajando por delante de la hilera 3, una vs larga en el siguiente esp de 3 cad sin usar de la hilera 2, saltear 1 pto de la hilera 5 detrás de la vs recién trabajada, mp en los siguientes 4 ptos, 3 mp en el siguiente pto, mp en cada uno de los siguientes 9 ptos**, 3 mp en el siguiente pto; repetir desde * una vez; repetir desde * hasta ** una vez, unir con pto desl al primer mp –3 vs, 69 mp. Cerrar.

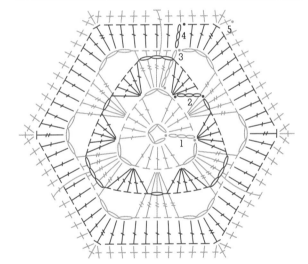

Mezclar con estos motivos:

Hierro forjado

Bayas

Oro Sol

Reciclado

Huella dactilar

OCTÓGONOS

Piensa en un octágono como un gran cuadrado con las esquinas cortadas. Cuando cuatro de estas formas se colocan una junto a la otra, un espacio vacío de forma cuadrada se crea en el centro. Puedes entonces rellenar ese hueco con un motivo cuadrado o dejarlo abierto como un elemento del diseño (ten en mente que el espacio es lo suficientemente grande como para que lo atraviese un puño). Por esta razón, octógonos y cuadrados se combinan. Como algunos triángulos son medios- cuadrados, los triángulos pueden también ayudar a llenar los espacios vacíos dejados por los octágonos. Puedes entonces usar las mitades de los cuadrados para rellenar huecos del borde o en pares en el lugar de cuadrados.

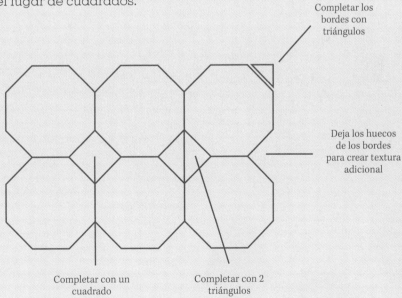

Completar los bordes con triángulos

Deja los huecos de los bordes para crear textura adicional

Completar con un cuadrado

Completar con 2 triángulos

Rosa octogonal
Dificultad: Principiante | Medidas finales: 6" (15cm) de punta a punta

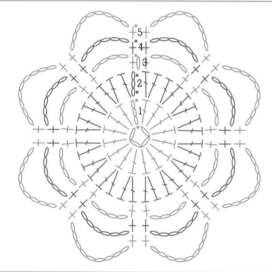

> No hay otro color que capture la aterciopelada proundidad de la rosa como estos tonos de rojo. ¿No tienes ganas de sumergir tu nariz en ella? ¿O talvez recordar el perfume del agua de rosas?

PARA EMPEZAR

HILADO

• Hilado semigrueso en cuatro colores diferentes (A, B, C y D)

El motivo mostrado a la izquierda fue realizado usando Blue Sky Alpacas worsted Hand Dyes (50% royal alpaca, 50% merino wool, madejas de 3.5 oz/100g/100 yd/91 m) en colores 2012 cranberry (A), 2000 red (B), 2026 petunia (C) y 2018 strawberry (D).

AGUJA

• Aguja de crochet medida K/ 10 ½ (6.5 mm) o cualquier otra medida para obtener la muestra.

MUESTRA

• Hilera 1 – 2 del patrón: 3" (8cm)

Motivo

Nota: todas las hileras están trabajadas del DL.

Con A, 4 cad, unir con pto deslizado para formar un anillo.

HILERA 1: 3 cad (cuentan como una vs), 15 vs en el anillo; unir con pto desl al extremo del comienzo de 3 cad—16 vs. Cerrar.

HILERA 2: Unir B con pto desl en cualquier pto, 3 cad (cuentan como una vs), vs en el mismo pto, 2 vs en cada uno delos siguientes 15 ptos, unir con pto desl al extremo del comienzo de 3 cad, no cerrar—32 vs.

HILERA 3: 1 cad, mp en el mismo pto; *4 cad, saltear los siguientes 2 ptos, mp en cada uno de los siguientes 2 ptos; repetir desde * 6 veces más, 4 cad, saltear los siguientes 2 ptos, mp en el último pto; unir con pto desl en el primer mp – 16 mp y 8 esp de 4 cad. Cerrar.

HILERA 4: Unir C con mp donde previamente se ha cerrado; * 6 cad, saltear el siguiente esp de 4 cad, mp en cad uno de los siguientes 2 ptos; repetir desde * 6 veces más, 6 cad, saltear el siguiente esp de 4 cad, mp en el último pto; unir con pto desl en el primer mp – 16 mp y 8 esp de 6 cad. Cerrar.

HILERA 5: Unir D con mp donde previamente se ha cerrado; * 9 cad, saltear el siguiente esp de 6 cad, mp en cad uno de los siguientes 2 ptos; repetir desde * 6 veces más, 9 cad, saltear el siguiente esp de 6 cad, mp en el último pto; unir con pto desl al mp de comienzo – 16 mp y 8 esp de 9 cad. Cerrar.

Terminación

Rematar las hebras.

Mezclar con estos motivos:

Parche OVNI

Pensamiento púrpura

Pruébalo

Capitán de equipo

Neapolitan

Oro Sol
Dificultad: Principiante | Medidas finales: 6¾" (17cm) de punta a punta

Este motivo se llama Oro Sol. Es como yo me imagino como debe lucir el sol vibrante sobre las ruinas mayas de Mexico.

PARA EMPEZAR

HILADO

• Hilado semigrueso en tres colores diferentes (A, B, y C)

El motivo mostrado a la derecha fue realizado usando Universal Yarns Deluxe Worsted (100% lana) ovillos de 3.5 oz/ 100 g/ 220 yd/ 200 m) en colores 12204 pussywillow gray (A), 41795 nectarine (B) y 12257 pulp (C).

AGUJA

• Aguja de crochet medida K/ 10 ½ (6.5 mm) u otra para la muestra.

MUESTRA

• Hilera 1 – 2 del patrón: 2 ¾ " (7cm)

Motivo

Nota: todas las hileras están trabajadas del DL.
Con A, 4 cad, unir con pto deslizado para formar un anillo.

HILERA 1: 4 cad (cuentan como una vd), 15 vd en el anillo; unir con pto desl al extremo del comienzo de 4 cad—16 vd. Cerrar.

HILERA 2: 1 cad, mp en el mismo pto; * 3cad, saltear el siguiente pto, mp en el siguiente pto; repetir desde * 6 veces más, 3 cad; unir con pto desl en el primer mp – 8 mp y 8 esp de 3 cad. Cerrar.

HILERA 3: Unir B con pto desl en cualquier esp de 3 cad, 4 cad, 4 vd en el mismo esp; 1 cad, saltear el siguiente pto; *5 vd en el siguiente esp de 3 cad, 1 cad, saltear el próximo pto; repetir desde* 6 veces más; unir con pto desl al extremo del comienzo de 4 cad – 40 vd y 8 esp de 1 cad. Cerrar.

HILERA 4: Unir C con mp en cualquier esp de 1 cad, 3 cad mp en el mismo esp; 6 vs en el mismo esp; * 1 cad, saltea r los siguientes 3 ptos, mp en el siguiente pto, 1 cad, saltear los siguientes 3 ptos, 7vs en el siguiente esp de 3 cad; repetir desde* 6 veces más; mp en los últimos 5 ptos; unir con pto desl al primer mp – 56 mp y 8 esp de 3 cad. Cerrar.

HILERA 5: Unir A con pto desl en cualquier esp de 3 cad, 3 cad (cuentan como vs), 6 vs en el mismo esp, *1 cad, saltear los siguientes 3 ptos, mp en el siguiente pto, 1 cad, saltear los siguientes 3 ptos, 7 vs en el siguiente esp de 3 cad; repetir desde * 6 veces más, 1 cad, saltear los siguientes 3 ptos, mp en el siguiente pto , 1 cad, saltear los siguientes 3 ptos; unir con pto desl al extremo del comienzo de 3 cad – 56 vs y 8 mp. Cerrar.

Terminación

Rematar las hebras.

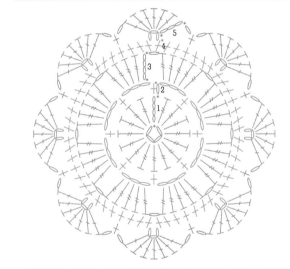

Mezclar con estos motivos:

Cosecha

Tarta de frambuesas

Gotas de lluvia

Sereno

Diversión aterradora

Granny octogonal
Dificultad: Principiante | Medidas finales: 6½" (17cm) de punta a punta

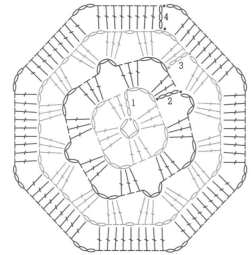

Toma el "granny square" y hazlo con más bordes agregándole cuatro bordes más. Es una manera muy divertida para un principiante intentar esta nueva forma.

PARA EMPEZAR

HILADO
• Hilado semigrueso en tres colores diferentes (A, B, y C)

El motivo mostrado a la izquierda fue realizado usando Red Heart Eco-Ways (70% acrílico, 30 % polyester reciclado, ovillos de 4 oz/ 113 g/ 186 yd/ 170 m) en color 3523 asparagus (A), 1615 lichen (B) y 3114 chamois (C).

AGUJA
• Aguja de crochet medida K/ 10 ½ (6.5 mm) o cualquier otra medida para obtener la muestra.

MUESTRA
•Hilera 1 – 2 del patrón: 3 ½ " (9cm)

Motivo

Nota: todas las hileras están trabajadas del DL. En la hilera 3, el esp de 1 cad cuenta como un pto.
Con A, 4 cad, unir con pto deslizado para formar un anillo.

HILERA 1: 3 cad (cuentan como una vs), 2vs en el anillo, 3 cad; * 3 vs en el anillo, 3 cad; repetir desde * 2 veces más; unir con pto desl al extremo del comienzo de 3 cad—12 vs, 4 esp de 3 cad. Cerrar.

HILERA 2: Unir B con pto desl en cualquier esp de 3 cad, 3 cad (cuentan como una vs), (2vs, 3 cad, 3 vs) en el mismo esp; *3 cad, (3vs, 3 cad, 3 vs) en el próximo esp de 3 cad, repetir desde * 2 veces más, 3cad; ; unir con pto desl al extremo del comienzo de 3 cad—24 vs, 8 esp de 3 cad. Cerrar.

HILERA 3: Unir C con pto desl en cualquier esp de 3 cad, 3 cad (cuentan como una vs), (2vs, 3 cad, 3 vs) en el mismo esp; *1 cad, (3vs, 3 cad, 3 vs) en el próximo esp de 3 cad; repetir desde * 6 veces más, 1 cad ; unir con pto desl al extremo del comienzo de 3 cad—48 vs, 8 esp de 3 cad, 8 esp de 1 cad. Cerrar.

HILERA 4: Unir A con pto desl en cualquier esp de 3 cad, 3 cad (cuentan como una vs); *vs en cad uno de los siguientes 7 ptos, (vs, 3 cad, vs) en el esp de 3 cad; repetir desde * 6 veces más, vs en cad uno de los siguientes 7 ptos, (vs, 3 cad, vs) en el esp de 3 cad; unir con pto desl al extremo del comienzo de 3 cad—8 esp de 3 cad, 72 vs. Cerrar.

Terminación

Rematar las hebras.

Mezclar con estos motivos:

Gerbera

Huracán

Descentrado

Paquete de regalo

Oro Sol

Atarcedecer Púrpura

Dificultad: Fácil | Medidas finales: 6" (15cm) de punta a punta

Nuestro hijo le dio el nombre a este lindo motivo. Vió un sol violeta en el centro y rayos saliendo de él. ¿Quién soy para ver lo contrario? ¿Qué ves tú?.

PARA EMPEZAR

HILADO

• Hilado semigrueso en dos colores diferentes (A y B)

El motivo mostrado a la izquierda fue realizado usando Louet Riverstone (100% lana) madejas de 3.5 oz/ 100 g/ 193 yd/ 176 m) en colores 66 phantom (A) y 03 sachet (B).

AGUJA

• Aguja de crochet medida K/ 10 ½ (6.5 mm) o cualquier otra medida para obtener la muestra.

MUESTRA

• Hilera 1 – 2 del patrón: 3" (8cm)

Motivo

Nota: todas las hileras están trabajadas del DL.

Con A, 4 cad, unir con pto deslizado para formar un anillo.

HILERA 1: 1 cad, 8 mp en el anillo; unir con pto desl en el primer mp, no cerrar –8 mp.

HILERA 2: 4 cad (cuentan como una vd); vd en el mismo pto; * 2 cad; 2 vd en el próximo pto; repetir desde * 6 veces más, 2 cad; unir con pto desl al extremo de 4 cad— 16 vd, 8 esp de 2 cad. Cerrar.

HILERA 3: Unir B com pto desl en cualquier esp de 2 cad, 3 cad (cuentan como una vs), vs en los siguientes 2 ptos; *(vs, 3 cad, vs) en el esp de 2 cad, vs en cada uno de los siguientes 2 ptos; repetir desde * 6 veces más, vs en el esp de 2 cad, 3 cad; unir con pto desl al extremo de 3 cad— 32 vs, 8 esp de 3 cad. Cerrar.

HILERA 4: Unir A con mp en cualquier esquina de 3 cad, 4 mp más en el mismo esp; *1 cad, saltear 1 pto, mp en cada uno de los siguientes 2 ptos, 1 cad, saltear 1 pto**, 5 mp en el esp de 3 cad; repetir desde * 6 veces más, repetir desde * hasta ** una vez más; unir con pto desl en el primer mp, no cerrar— 56 mp, 16 esp de 1 cad.

HILERA 5: 1 cad, mp en el mismo pto, mp en el siguiente pto; * 3 mp en el siguiente pto, mp en cada uno de los siguientes 2 ptos, mp en el esp de 1 cad, 3 cad, saltear 2 ptos, mp en el esp de 1 cad; *, mp en cada uno de los siguientes 2 ptos; repetir desde * 6 veces más, repetir desde * hasta ** una vez; unir con pto desl en el primer mp— 8 esp de 3 cad, 72 mp. Cerrar.

Terminación

Rematar las hebras.

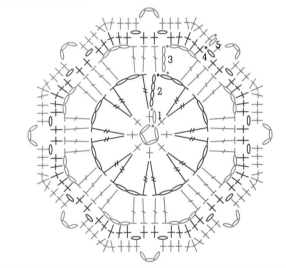

Mezclar con estos motivos:

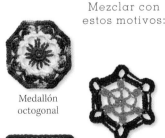

Medallón octogonal

Hierro forjado

Fantástico

Lunar

Respaldo

Purple Pansy
Dificultad: Fácil | Medidas finales: 6" (15cm) lado a lado.

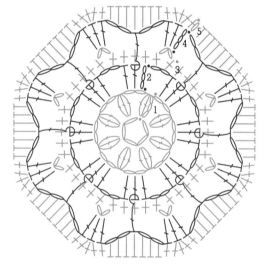

La flor del pensamiento era nuestra flor insignia cuando era una niña Scout, una pintoresca tradición de tiempos pasados.

PARA EMPEZAR

HILADO

• Hilado semigrueso en tres colores diferentes (A, B, y C)

The motif shown at left was made using Caron Simply Soft (100% acrylic, 6oz/170g balls/315yd/288m) in colors 9712 soft blue (A), 9726 soft yellow (B) and 9738 violet (C).

AGUJA

• Aguja de crochet medida K/ 10 ½ (6.5 mm) o cualquier otra medida para obtener la muestra.

MUESTRA

• Hilera 1 del patrón: 2 ¼ " (6cm)

Motivo

Nota: todas las hileras están trabajadas del DL.

Con A, 5 cad, unir con pto deslizado para formar un anillo.

HILERA 1: com gr en el anillo, (2 cad, gr) en el anillo 7 veces, 2 cad; unir con pto desl al extremo del comienzo del gr—8 gr y 8 esp de 2 cad. Cerrar.

HILERA 2: Unir B con pto desl en cualquier esp de 2 cad, 3 cad (cuentan como una vs), 2 vs en el mismo pto; *2 cad, saltear 1 gr, 3 vs el esp de 2 cad; repetir desde * 6 veces más, 2 cad; unir con pto desl al extremo del comienzo de 3 cad –24 vs, 8 esp de 2 cad. Cerrar.

HILERA 3: Unir C con mp en cualquier esp de 2 cad, (2cad, mp) en el mismo esp; * mp en cada uno de los siguientes 3 cad (mp, 2 cad, mp) en el esp de 2 cad; repetir desde *6 veces más; unir con pto desl al primer mp – 8 esp de 2 cad, 40 mp. Cerrar.

HILERA 4: Unir A con pto desl en cualquier esp de 2 cad, 3 cad (cuentan como una vs), 2 vs en el mismo pto; *2 cad, vsad en la vs central del grupo de 3 vs en la hilera 2, 2 cad**, 3 vs en el próximo esp de 2 ptos; repetir desde *6 veces más; repetir desde * hasta **una vez; unir con pto desl al exteremo del comienzo de 3 cad, no cerrar – 24 vs, 8 vsad, 16 esp de 2 cad.

HILERA 5: 1 cad, mp en el mismo pto; *3mp en el próximo pto, 3mv en el esp de 2 cad, mv en el siguiente pto, 3 mv en el esp de 2 cad**, mp en el próximo pto; repetir desde *6 veces más; repetir desde * hasta **una vez; unir con pto desl al primer mp – 56 mv, 40 mp. Cerrar.

Terminación

Rematar las hebras.

Mezclar con estos motivos:

Cuadrado de Oscar

Camafeo

Rosa Octogonal

Bluebonnet

Simplicidad

Medallón octogonal
Dificultad: Intermedia | Medidas finales: 7" (18cm) de lado a lado

Este podría ser un patrón basado en la vajilla china. ¿Notas lo mismo?

PARA EMPEZAR

HILADO
• Hilado semigrueso en tres colores diferentes (A, B, y C)

AGUJA
• Aguja de crochet medida K/ 10 ½ (6.5 mm) u otra para la muestra.

MUESTRA
• Hilera 1 – 4 del patrón: 4 ¼ " (11cm)

Motivo

Nota: todas las hileras están trabajadas del DL.
Con A, 4 cad, unir con pto deslizado para formar un anillo.

HILERA 1: 1 cad, 8 mp en el anillo; unir con pto desl en el primer mp, no cerrar –8 mp.

HILERA 2: * 7 cad, mp en el mismo pto, pto desl en el siguiente pto; repetir desde * 7 veces más; no se necesita unir— 8 esp de 7 cad; 16 ptos desl. Cerrar.

HILERA 3: Unir B com mp en cualquier esp de 7 cad; *5 cad, mp en los siguientes 7 esp; repetir desde * 6 veces más, 5 cad; unir con pto desl en el primer mp, no cerrar — 8 mp, 8 esp de 5 cad.

HILERA 4: 1 cad , mp en el mismo pto; (2mp, 3 cad, 2mp) en el siguiente esp de 5 cad, mp en el próximo mp; repetir desde * 6 veces más, (2mp, 3cad, 2 mp) en el esp de 5 cad; unir con pto desl en el primer mp— 40 mp, 8 esp de 3 cad. Cerrar.

HILERA 5: Unir C con pto desl en cualquier esp de 3 cad, 3 cad (cuentan como la primer vs), 4 vs en el mismo pto, 3 cad, saltear 5 ptos; * 5 vs en el esp de 3 cad, 3 cad, saltear 5 ptos; repetir desde * 6 veces más; unir con pto desl en el extremo del comienzo de 3 cad— 40 vs, 8 esp de 3 cad. Cerrar.

HILERA 6: Unir A com mp en la 3er vs del gr de 5 vs, 2 mp en el mismo pto; *2 cad, saltear 2 ptos, trabajando sobre la punta del esp de 3 cady trabajando en el pto central del gr de 5 mp de la hilera 4, vs en el mp central de la hilera 4, 2 cad, saltear 2 ptos de la hilera actual**, 3 mp en la siguiente vs; repetir desde * 6 veces más; repetir desde * hasta ** una vez; unir con pto desl en el primer mp — 8 vs, 16 esp de 2 cad, 24 mp. Cerrar.

HILERA 7: Unir C con mp en el mp central de la esquina de 3 cad, 2 mp más en el mismo pto; *mp en el siguiente pto, 3 mp en el esp de 2 cad, mp en el próximo pto, 3 mp en el esp de 2 cad, mp en el próximo pto**, 3 mp en el siguiente pto; repetir desde * 6 veces más; repetir desde * hasta ** una vez; unir con pto desl en el primer mp — 96 mp. Cerrar.

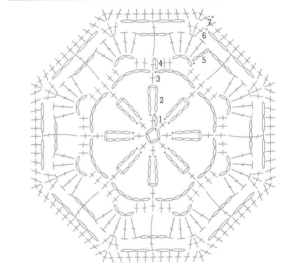

Mezclar con estos motivos:

Pruébalo!

Luz roja, luz verde

Hexágono dorado

Cereza

Acapulco

Octógono floral
Dificultad: Intermedia | Medidas finales: 6¼" (16cm) de punta a punta

Al igual que un pequeño capullo de rosa en una tela de percal, este octágono floral es rosado, coloque varios juntos y obtendrá una campiña sembrada de capullos de rosas.

PARA EMPEZAR

HILADO
• Hilado semigrueso en tres colores diferentes (A, B, y C)

AGUJA
• Aguja de crochet medida K/ 10 ½ (6.5 mm) o cualquier otra medida para obtener la muestra.

MUESTRA
• Hilera 1 – 2 del patrón: 3 ¼ " (8cm)

PUNTOS ESPECIALES
• vsad= vareta simple pasada por adelante

Motivo

Nota: todas las hileras están trabajadas del DL.
Con A, 4 cad, unir con pto deslizado para formar un anillo.

HILERA 1: 1 cad, 8 mp en el anillo; unir con pto desl en el primer mp, no cerrar –8 mp.

HILERA 2: 7 cad (cuentan como una vd más 3 cad); *vd en el próximo mp, 3 cad; repetir desde * 6 veces; unir con pto desl en la 4ta cad del comienzo de 7 cad –8vd, 8 esp de 3 cad. Cerrar.

HILERA 3: Unir B con pto desl en cualquier esp de 3 cad, 3 cad (cuentan como una vs), (vs, 3 cad, 2 vs) en el mismo pto; *vsad alrededor del próximo pto, (2vs, 3 cad, 2vs) en el próximo pto; repetir desde * 6 veces más; vsad alrededor del siguiente pto; unir con pto desl en el extremo del comienzo de 3 cad – 32 vs, 8 vsad. Cerrar.

HILERA 4 (hilera de unión): El segundo y todos los otros motivos hechos se pueden unir en esta hilera.

PRIMER MOTIVO: Unir C con pto desl en cualquiera de las esquinas de 3 cad, 3 cad (cuentan como una vs), 8 vs más en el mismo pto; * saltear 2 vs, mp en el próximo pto, saltear 2 vs, 9 vs en el esp de 3 cad; repetir desde * 6 veces más, saltear 2 vs, mp en el próximo pto, saltear 2 vs; unir con pto desl en el extremo del comienzo de 3 cad – 8 mp, 72 vs. Cerrar.

SEGUNDO MOTIVO Y SUBSIGUIENTES: tener cuidado al unir, hacerlo en la mitad de los grupos adyacentes de 9 vs. Unir C con pto desl en cualquiera de las esquinas de 3 cad, 3 cad (cuentan como una vs), 8 vs más en el mismo pto; * saltear 2 vs, mp en el próximo pto, saltear 2 vs, 4 vs en el esp de 3 cad, pto desl en la vs central del grupo de 9 vs del otro motivo, 5vs en el mismo esp de 3 cad; repetir desde * 1 vez, **saltear 2 vs, mp en el próximo pto, saltear 2 vs, 9 vs en el esp de 3 cad; repetir desde ** 4 veces más, saltear 2 vs, mp en el próximo pto, saltear 2 vs; unir con pto desl en el extremo del comienzo de 3 cad – 8 mp, 72 vs. Cerrar.

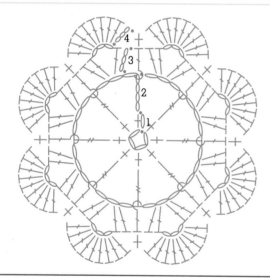

Mezclar con estos motivos:

Oro Sol

Pensamiento púrpura

Camafeo

Respaldo

Cosecha

Reina del drama
Dificultad: Intermedia | Medidas finales: 5½" (14cm) de lado a lado

¿Hay algo más formal que negro y dorado?
Todos vestidos y listos para salir, este motivo
me recuerda a una noche a una noche
elegante.

PARA EMPEZAR

HILADO
• Hilado semigrueso en tres colores diferentes (A, B, y C)

*El motivo mostrado a la derecha fue realizado usando Caron Simply Soft
(100% acrílico, ovillos de 6 oz/ 170g/ 315 yd/ 288 m) en color 9703 bone (A), y
9727 black (B) y 9726 soft yellow (C).*

AGUJA
• Aguja de crochet medida K/ 10 ½ (6.5 mm) u otra para la muestra.

MUESTRA
• Hilera 1 – 2 del patrón: 3" (8cm)

Motivo

Nota: todas las hileras están trabajadas del DL.
Con A, 5 cad, unir con pto deslizado para formar un anillo.

HILERA 1: 1 cad, 8 mp en el anillo; unir con pto desl en el primer mp,
no cerrar –8 mp.

HILERA 2: *7 cad, pto desl en la 6ta cadena desde la aguja, desl pto
en la siguiente cad, desl pto en el mismo mp y desl en el siguiente
mp; repetir desde * 7 veces más; no se necesita unir – 8 rulos de 7 cad.
Cerrar.

HILERA 3: Unir B con mp en cualquier rulo de 7 cad de la hilera 2; *3
cad, mp en el siguiente rulo; repetir desde * 6 veces más; 3 cad ; unir
con pto desl en el primer mp, no cerrar – 8 mp, 8 esp de 3 cad.

HILERA 4: 3 cad (cuentan como vs); *4 vs en el esp de 3 cad, vs en el
próximo pto; repetir desde * 6 veces más, 4 vs en el siguiente esp de
3 cad; unir con pto desl en el extremo del comienzo de 3 cad – 40 vs.
Cerrar.

HILERA 5: Unir C con mp en la vs por encima de cualquiera de los
rulos de 7 cad, 2 mp más en el mismo pto, *mp en cada uno de los
siguientes 4 ptos, 3 mp en el siguiente pto; repetir desde * 6 veces
más, mp en cada uno de los próximos 4 ptos; unir con pto desl en el
primer mp – 56 mp. Cerrar.

HILERA 6: Unir B con pto desl en el mp central de cualquier esquina
de 3 cad, 2 cad (cuentan como mv), (mv, vs, 2 mv) en el mismo pto; *
saltear los siguientes 2 ptos, mp en cad uno de los siguientes 2 ptos,
saltear los siguientes 2 ptos, (2mv, vs, 2 mv) en el siguiente pto; repetir
desde * 6 veces más; saltear los siguientes 2 ptos; unir con pto desl en
el extremo del comienzo de 2 cad– 32 mv, 8vs, 16 mp. Cerrar.

Terminación

Rematar las hebras.

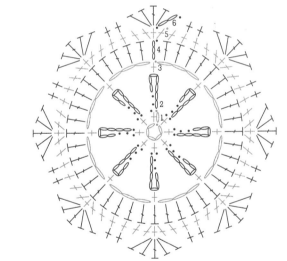

Mezclar con
estos motivos:

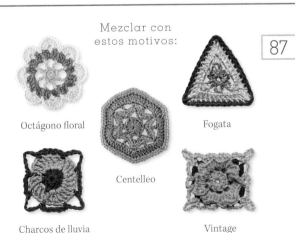

Octágono floral

Centelleo

Fogata

Charcos de lluvia

Vintage

Luz roja, luz verde

Dificultad: Intermedia

Medidas finales: 6½" (17cm) de lado a lado

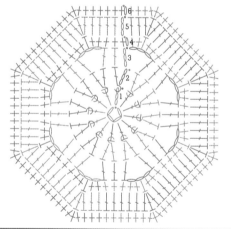

Mezclar con estos motivos:

Fogata

Oro Sol

South Beach

Pensamiento púrpura

Biselado

Inspirado en un juego para niños, ¡en este motivo se cambian los colores en la mitad de la hilera!

PARA EMPEZAR

HILERA
• Hilado semigrueso en dos colores diferentes (A y B)

AGUJA
• Aguja de crochet medida K/ 10 ½ (6.5 mm) u otra para la muestra.

MUESTRA
•Hilera 1 – 2 del patrón: 2 ½ " (6cm)

Motivo

Nota: todas las hileras están trabajadas del DL. Los cambios de colores se realizan en la mitad de la hilera – baje la hebra del color que no use y trabaje sobre ella hasta que necesite de nuevo tejer con ese color. Con A, 4 cad, unir con pto deslizado para formar un anillo.

HILERA 1: Con A, 3 cad (cuentan como una vs) aquí y en el resto del motivo), 5 vs en el anillo, cambiar a B en el último pto, con B, 6 vs en el anillo; unir con pto desl al extremo del comienzo de 3 cad, no cerrar—12 vs.

HILERA 2: Continuar usando B, 3 cad, vsad alrededor del mismo pto;* vs en el siguiente pto , vsad alrededor del mismo pto**, repetir desde * hasta ** 4 veces más, cambiando a A en el último pto, con A repetir desde * hasta **6 veces, unir con pto desl al extremo del comienzo de 3 cad, no cerrar—12 vs, 12 vsad.

HILERA 3: Continuar usando A, 3 cad, vs en cada unod e los siguientes 2 ptos; *3 cad, vs en cada uno de los siguientes 3 ptos; repetir desde * 2 veces más, 3 cad, cambiando a B en la última cad, con B: **vs en cada uno de los siguientes 3 ptos, 3 cad; repetir desde **3 veces más, 3 cad; unir con pto desl al extremo del comienzo de 3 cad, no cerrar—24 vs, 8 esp de 3 cad.

HILERA 4: Continuar usando B, 1 cad, mp en el mismo pto, mp en cada uno de los siguientes 2 ptos, (2mp, mv, 2 mp) en el próximo esp de 3 cad; * mp en cada uno de los siguientes 3 ptos, (2mp, mv, 2 mp) en el próximo esp de 3 cad**, repetir desde * hasta **2 veces más, (2mp, mv, 2 mp) en el próximo esp de 3 cad, cambiando a A en el último pto, con A repetir desde * hasta ** 4 veces; unir con pto desl al primer mp, no cerrar –56 mp, 8 m.

HILERA 5: Continuar usando A, 3 cad, vs en cada uno de los siguientes 4 ptos, 3 vs en el siguiente pto; *vs en cada uno de los siguientes 7 ptos, 3 vs en el próximo pto**; repetir desde * hasta ** 2 veces más, vs en cada uno de los siguientes 2 ptos, cambiando a B en el último pto, con B vs en cada uno de los siguientes 5 ptos, 3 vs en el próximo pto; repetir desde * hasta **3 veces más, vs en cada uno de los últimos 2 ptos; unir con pto desl al extremo del comienzo de 3 cad, no cerrar—80 vs.

HILERA 6: Continuar usando B, 1 cad, mp en el mismo pto, mp en cada uno de los siguientes 5 ptos, 3 mp en el siguiente pto; *mp en cada uno de los siguientes 9 ptos, 3 mp en el siguiente pto**; repetir desde * hasta **2 veces más, mp en cad uno de los siguientes 3 ptos, cambiando a A en el último pto, con A mp en cada uno de los siguientes 6 ptos, repetir desde * hasta ** 3 veces más, mp en cada uno de los últimos 3 ptos; unir con pto desl al primer mp, no cerrar –96 mp..

Los colores y los puntos pop corn me hacen pensar en una deliciosa tarta de frambuesas.

Tarta de frambuesas
Dificultad: Avanzado
Medidas finales: 6" (15cm) de lado a lado

PARA EMPEZAR

HILADO

• Hilado semigrueso en dos colores diferentes (A y B)

El motivo mostrado a la derecha fue realizado usando Bernat Satin (100% acrílico, ovillos de 3.5 oz/100g/163 yd/149 m) en colores 04309 lavender (A) y 04531 rouge (B).

AGUJA

• Aguja de crochet medida K/ 10 ½ (6.5 mm) o cualquier otra medida para obtener la muestra.

MUESTRA

• Hilera 1 – 2 del patrón: 3" (8cm)

PUNTOS ESPECIALES

• pop: popcorn (5vs)

Motivo

Nota: todas las hileras están trabajadas del DL.
Con A, 6 cad, unir con pto deslizado para formar un anillo.

HILERA 1: 1 cad, 16 mp en el anillo; unir con pto desl en el primer mp, no cerrar –16 mp.

HILERA 2: 7 cad (cuentan como una vd más 3 cad); saltear 1 pto, *vd en el próximo mp, 3 cad, saltear 1 pto; repetir desde * 6 veces; unir con pto desl en la 4ta cad del comienzo de 7 cad –8vd, 8 esp de 3 cad. Cerrar.

HILERA 3: Unir B con mp en cualquier vd, 3 cad, mp en el mismo pto; *mp en el siguiente esp de 3 cad, trabajando por detrás de la hilera 2, pop en el mp salteado en la hilera 1, mp en el mismo esp de 3 cad**, (mp 3cad, mp) en el siguiente vd; repetir desde * 6 veces más; repetir desde * hasta ** una vez; unir con pto desl en el primer mp, no cerrar –8 pop, 32 mp, 8 esp de 3 cad.

HILERA 4: pto desl en el siguiente esp de 3 cad, 1 cad, mp en el mismo esp, 7 cad, saltear 5 ptos; *mp en el siguiente esp de 3 cad, 7 cad, saltear 5 ptos; repetir desde * 6 veces más; unir con pto desl en el primer mp, no cerrar –8 mp, 8 esp de 7 cad.

HILERA 5: 1 cad, 3 mp en el mismo pto, 7 mp en el esp de 7 cad; *3mp en el siguiente pto, 7 mp en el esp de 7 cad; repetir desde * 6 veces más; unir con pto desl en el primer mp, no cerrar –80 mp.

HILERA 6: 1 cad; *3 mp en el siguiente pto, pto desl en los siguientes 9 ptos; repetir desde *8 veces; unir con pto desl en el primer mp—24 mp, 72 ptos desl. Cerrar.

Terminación

Rematar las hebras.

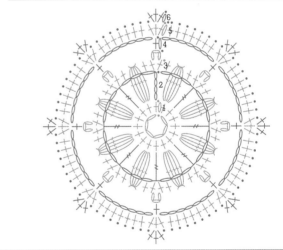

Mezclar con estos motivos:

Poder estelar

Biselado

Marea roja

Reina del drama

Óvalo en un rectángulo

CAPÍTULO 3

Mantas para llevar

Ahora que has tejido un montón de hermosos motivos,
estoy segura que estarás lista para realizar una manta
entera! Este capítulo contiene 10 patrones de mantas que
puedes usar como punto de partida para crear las tuyas.

Un proyecto compuesto por solamente un motivo puede
resultar maravilloso, como dos de las mantas de este
capítulo: "Guirnalda de flores" y "Trillones de triángulos".
No te detengas únicamente en los motivos; presta atención
a los espacios entre ellos y a las sombras proyectadas por
los puntos dimensionales. Encontrarás una complejidad no
vista antes. Los proyectos de un solo motivo no tienen por
qué ser repetitivos. Modifica los colores o utiliza sobrantes
de hilados para mayor variedad.

Aumenta el impacto visual mezclando dos motivos
de igual o diferente forma. Genera armonía a través del
esquema de colores, y agrega variedad con los diferentes
puntos y texturas. Usando el tablero del juego de damas
como base, haz una distribución simétrica de los motivos
o disponlos aleatoriamente para lograr espontaneidad.
"Reflejos de luz", "Panqueques de arándanos", "Sincera-
mente tuya", y "Estallido de estrellas" son algunos de mis
diseños de 2 motivos.

Finalmente, enloquece con las mantas de múltiples
formas y motivos! "Octógonos primaverales", "Campiña
francesa" y "Marea oceánica" contienen algunos de mis
motivos favoritos, y en "Todos las llaman" se utilizan todos
los motivos mostrados en este libro.

Con 50 motivos intercambiables y una ilimitada elección
de colores, las posibilidades son infinitas. ¡Cada proyecto
que realices será único!

Reflejo de sol
Dificultad: Fácil | Medidas finales: 47"× 61" (119cm × 155cm)

Al combinar el motivo Oro Sol con Charcos de lluvia, lograrás un impresionante mosaico de color y profundidad, como el sol reflejándose en el agua. La forma de unión simultánea "a medida que se teje" es una manera fácil y rápida de unir los motivos.

92

PARA EMPEZAR

HILADO

• Hilado semigrueso en tres colores diferentes (A, B, y C)

El proyecto mostrado fue realizado usando Universal Yarns Deluxe Worsted (100% lana) 6 ovillos de 3.5 oz/ 100 g/ 220 yd/ 200 m) en colores 12204 pussywillow gray (A), 5 ovillos de color 41795 nectarine (B) y 2 ovillos en color 12257 pulp (C).

AGUJA

• Aguja de crochet medida K/ 10 ½ (6.5 mm) o cualquier otra medida para obtener la muestra.

HERRAMIENTAS

• aguja de coser lana

MUESTRA

• Octágonos : hileras 1 -2 del patrón= 2 ¾ " (7 cm)

• Cuadrados: hileras 1 -2 del patrón= 2" (6cm)

Nota: todas las hileras están trabajadas del DL.

Motivo A: Oro Sol

Hacer 63 motivos. Con A, 4 cad, unir con pto deslizado para formar un anillo.

HILERA 1: 4 cad (cuentan como una vd), 15 vd en el anillo; unir con pto desl al extremo del comienzo de 4 cad—16 vd. Cerrar.

HILERA 2: 1 cad, mp en el mismo pto; * 3cad, saltear el siguiente pto, mp en el siguiente pto; repetir desde * 6 veces más, 3 cad; unir con pto desl en el primer mp – 8 mp y 8 esp de 3 cad. Cerrar.

HILERA 3: Unir B con pto desl en cualquier esp de 3 cad, 4 cad, 4 vd en el mismo esp; 1 cad, saltear el siguiente pto; *5 vd en el siguiente esp de 3 cad, 1 cad, saltear el próximo pto; repetir desde* 6 veces más; unir con pto desl al extremo del comienzo de 4 cad – 40 vd y 8 esp de 1 cad. Cerrar.

HILERA 4: Unir C con mp en cualquier esp de 1 cad, 3 cad mp en el mismo esp; 6 vs en el mismo esp; * 1 cad, saltea r los siguientes 3 ptos, mp en el siguiente pto, 1 cad, saltear los siguientes 3 ptos, 7vs en el siguiente esp de 3 cad; repetir desde* 6 veces más; mp en los últimos 5 ptos; unir con pto desl al primer mp – 56 mp y 8 esp de 3 cad. Cerrar.

HILERA DE UNIÓN : distribuya los octágonos en 7 hileras de 9. Trabaje la hilera 5 con la ayuda del diagrama de puntos y del diagrama de unión, trabaje conectando los pétalos de la siguiente manera: en este caso, un pétalo es definido como un gr de 7 vs.

PRIMER MOTIVO (no está unido con ningún otro) Hilera 5: Unir A con pto desl en cualquier esp de 3 cad, 3 cad (cuentan como vs), 6 vs en el mismo esp, *1 cad, saltear los siguientes 3 ptos, mp en el siguiente pto, 1 cad, saltear los siguientes 3 ptos, 7 vs en el siguiente esp de 3 cad; repetir desde * 6 veces más, 1 cad, saltear los siguientes 3 ptos, mp en el siguiente pto , 1 cad, saltear los siguientes 3 ptos; unir con pto desl al extremo del comienzo de 3 cad – 56 vs y 8 mp.

Los motivos que siguen (unidos a dos pétalos de cada octógono adyacente): cuidado al unir en cada gr de 7vs necesariamente.

HILERA 5: Unir A con pto desl en cualquier esp de 3 cad, 3 cad (cuentan como vs), 6 vs en el mismo esp, *1cad, saltear los siguientes 3 ptos, mp en el siguiente pto, 1 cad, saltear los siguientes 3 ptos, 4 vs en el siguiente esp de 3 cad, pto desl en la vs central del pétalo adyacente del 2do motivo, 3 vs en el mismo esp de 3 ptos; repetir desde * 2 veces en cada octágono adyacente, **, 1 cad, saltear los siguientes 3 ptos, mp en el siguiente pto , 1 cad, saltear los siguientes 3 ptos; unir con pto desl al extremo de la cad comienzo – 56 vs y 8 mp.

Motivo B: Charcos de lluvia

Hacer 48 motivos. Con color B, 4 cad.

HILERA 1: 7vs en la 4ta cadena desde la aguja, unir con pto desl en la 4ta cad de las 4 cad del comienzo – 8vs. Cerrar.

HILERA 2: Unir A en con pto desl en cualquier pto, 4 cad, (cuenta como vareta doble) 2 vd; 3vd en los siguientes 7 ptos; unir con pto desl en el extremo de las 4 cad de comienzo –24 vd. Cerrar.

Una vez que todos los octágonos se hayan unidos entre sí, todos los cuadrados se agregarán y unirán a 4 octágonos (ver diagrama de unión) Hilera 3: Unir B con un medio punto en cualquier pto; 2 cad, pto desl en la unión donde 2 octágonos se unen; *2 cad, saltear 2 ptos**,

mp en el próximo pto; repetir desde *alrededor, terminando la última repetición en **; unir con un pto desl en el primer mp—8mp, 4 esp de 5cad, 4 esquinas unidas. Cerrar.

Borde

HILERA 1: Unir A con mp en cualquier pto, mp en cada pto y 1 esp de 1 cad alrededor; unir con pto desl al primer mp –892 mp. Cerrar.

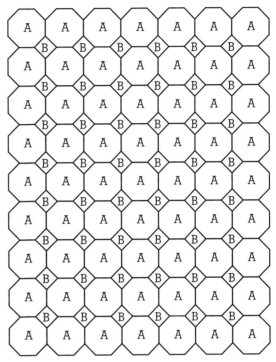

Diagrama de unión

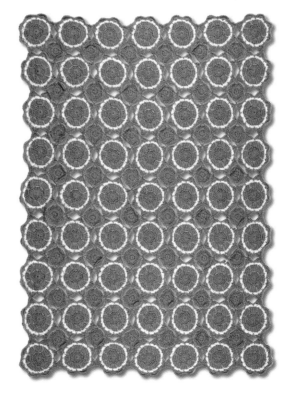

Trillones de triángulos

Dificultad: Fácil | Medidas finales: 34½" × 57" (88cm × 145cm)

Los triángulos producen grandes ilusiones ópticas.
Es fácil de visualizar los triángulos individuales como
también los hexágonos y grupos de rombos hechos con
triángulos. ¡Qué resultado fabuloso para un proyecto
tan simple!

PARA EMPEZAR

HILADO

• Hilado semigrueso en tres colores diferentes
(A, B y C)

*El proyecto mostrado a la izquierda fue real-
izado usando Spud & Chloe Sweater (35% lana
superwash, 45% algodón orgánico, madejas de
3.5 oz/ 100 g/ 160 yd/ 146 m) 5 madejas en color
7509 firecracker (A), 6 madejas de color 7506
toast (B) y 6 madejas de color 7504 lake (C).*

AGUJA

• Aguja de crochet medida K/ 10 ½ (6.5 mm)
o cualquier otra medida para obtener la
muestra.

HERRAMIENTAS

• Aguja de coser lana.

MUESTRA

• Hileras del motivo 1 – 3 del patrón: 4"
(10cm) de lado

- 2mpjuntos = disminución de 2 medios puntos
- 3mpjuntos = disminución de 3 medios puntos: [insertar el crochet en el siguiente pto, laz, pasar el hilado por el pto] 3 veces, laz, pasar el hilado por los 4 ptos en la aguja.

Nota: todas las hileras están trabajadas del DL.

Motivo triangular Pruébalo!

Hacer 192 (8 hileras de 24 triángulos). Con A, 4 cad, unir con pto deslizado para formar un anillo.

HILERA 1: 3 cad (cuentan como una vs), 4vs en el anillo; * 3 cad, 5vs en el anillo; repetir desde * una vez, 3 cad; unir con pto desl al extremo del comienzo de 3 cad—15 vs, 3 esp de 3 cad. Cerrar.

HILERA 2: Unir B con pto desl en la primer cad de cualquier esq de 3 cad, 3 cad (cuentan como una vs), 4 vs más en el mismo pto, 1 cad, saltear 1 cad, 5 vs en la siguiente cad, 1 cad, saltear 5 ptos; * 5 vs en la próxima cad, 1 cad, saltear 1 cad, 5 vs en la siguiente cad, 1 cad, saltear 5 ptos; repetir desde * una vez; unir con pto desl al extremo del comienzo de 3 cad—30 vs, 6 esp de 1 cad. Cerrar.

HILERA 3: Unir C com mp en el primer pto luego de una esquina de 1 cad, mp en las siguientes 4 vs, mv en el esp de 1 cad; * mp en las siguientes 5 vs, mp en el esp de 1 cad, repetir desde * 4 veces más; unir con pto desl al primer mp –30 mp, 6 mv. Cerrar.

Unión

Unir los motivos en 8 hileras de 24 triángulos. Con el DL de los motivos enfrentados entre sí y C, alieneando los puntos, mp a través de ambos motivos alineando.

Borde

HILERA 1: Unir C con mp en cualquier esquina, comenzando por un lado largo, 2 mp en el mismo pto, *mp en cad pto de la siguiente esquina, 3 mp en el pto central de la esquina, trabajando a lo largo del lado corto, mp en cada uno de los ptos que siguen, cuando alcance el lugar que está como hundido en la unión de dos motivos, 2mpjuntos tomando de ambos motivos*, 3 mp en el mp central de la siguiente esquina; repetir de * hasta * una vez; unir con pto desl en el primer mp. Cerrar.

HILERA 2: Unir A con mp donde previamente se ha cerrado, 3 mp en el mp central de la esquina de 3 mp, mp en cada uno de los ptos de la siguiente esquina, 3 mp en el mp central de la esquina de 3 mp, trabajando a lo largo del lado corto, mp en cada uno de los ptos, cuando alcance el lugar que está como hundido en la unión de dos motivos, 3mpjuntos usando 3 ptos, 3 mp en el mp central de la siguiente esquina; unir con pto desl en el primer mp. No cerrar.

HILERA 3: 3 cad (cuentan como una vs), vs en el siguiente pto, *3 vs en el mp central de la esquina de 3 mp, vs en cada pto hasta la siguiente esquina al final del lado; repetir desde * alrededor, no realizando las disminuciones en los puntos que están como hundidos; unir con pto desl en el extremo del comienzo de 3 cad, no cerrar.

HILERA 4: Pto desl en cada pto alrededor; unir con pto desl en el primer pto. Cerrar.

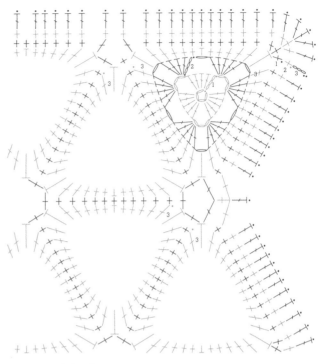

Diagrama de borde

Panqueques de arándanos

Dificultad: Fácil | Medidas finales: 47"× 61" (119cm × 155cm)

No hay nada como comer panqueques de arándanos bajo el cielo brillante de la mañana. Recapture este sentimiento de intimidad en cualquier momento envuelta en una manta que explota de calidez y colores brillantes.

PARA EMPEZAR

HILADO

• Hilado semigrueso en tres colores diferentes (A, B y C)

El proyecto mostrado a la izquierda fue realizado usando Red Heart Super Saber (100% acrílico, ovillos de 7 oz/198 g/ 364 yd/ 333 m) con 3 ovillos de color 385 royal(A); Red Heart Kids (100 % acrílico, ovillos de 5oz/ 140 g/ 290 yd/ 265 m) con 4 ovillos de color 2650 pistachio (B); TLC Essentials (100% acrílico, ovillos de 6 oz/ 170 g/ 312 yd/ 285m) con 2 ovillos de color 2690 fusion (C).

AGUJA

• Aguja de crochet medida K/ 10 ½ (6.5 mm) o cualquier otra medida para obtener la muestra.

HERRAMIENTAS

• Aguja de coser

• Marcadores de puntos

MUESTRA

• Rectángulo: Hileras 1 – 2 del patrón= 3 " x 3 ½ " (8 x 9cm)

• hat (s): por la hebra (s) de atrás solamente

Nota: todas las hileras están trabajadas del DL.

Motivo A: Último arándano

Hacer 65.

Con A, 6 cad, unir con pto deslizado para formar un anillo.

HILERA 1: Com – gr en el anillo, 3 cad, (gr, 3 cad) en el anillo; (gr, 2 cad) en el anillo, (gr, 3 cad) 2 veces en el anillo, (gr, 2 cad) en el anillo; unir con pto desl en la punta del gr –com—6 gr, 4 esp de 3 cad, 2 esp de 2 cad. Cerrar.

HILERA 2: unir B con pto desl en cualquiera de los espacios de 3 cad anteriores a un esp de 2 cad, (com gr, 3 cad, gr) en el mismo esp, 1 cad, saltear gr, gr en el siguiente esp de 2 cad, 1 cad, (gr, 3 cad, gr) en el próximo esp de 3 cad, 1 cad, (gr, 3 cad, gr) en el próximo esp de 3 cad, 1 cad , gr en el esp de 2 cad, 1 cad, (gr, 3 cad, gr) en el próximo esp de 3 cad, 1 cad; unir con pto desl en la punta del com – gr—10 gr, 4 esp de 3 cad, 6 esp de 1 cad. Cerrar.

HILERA 3: Unir C con mp en el esp de 3 cad antes de un lado largo (con 2 esp de 1 cad), (mp, vt entre los grupos de la hil 1 dentro del anillo de 6 cad de comienzo, 2 mp) en el mismo esp; *mp en el próximo grupo, [2 mp en el siguiente esp de 1 cad, mp en el siguiente gr] dos veces, (2 mp, vt entre los grupos de la hil 1 dentro del anillo de 6 cad de comienzo, 2 mp) en el próximo esp de 3 cad, 2 mp en el próximo gr, mp en el esp de 1 cad, 2 mp en el próximo gr **; (2 mp, vt entre los grupos de la hil 1 dentro del anillo de 6 cad de comienzo, 2 mp) en el próximo esp de 3 cad, repetir desde * hasta **una vez; unir con un pto desl en el primer mp –4 vt, 40 mp. Cerrar.

HILERA 4: Trabajar solamente en las hats de los puntos, unir A con mp en la vt de una esquina anterior a cualquiera de los lados largos, 2 mp más en el mismo pto, mp en cada uno de los siguientes 11 ptos, 3 mp en el siguiente pto, mp en los siguientes 9 ptos, 3 mp en el siguiente pto, mp en los siguientes 11 ptos, 3 mp en el siguiente pto, mp en los siguientes 9 ptos; unir con un pto desl en el primer mp –52 mp. Cerrar.

Motivo B: Cuadrado de Oscar

Hacer 65.

Con B, 4 cad, unir en con pto desl para formar un anillo.

HILERA 1: 3cad (cuenta como una vareta), vareta en el anillo, 3 cad; *2 vs en el anillo, 3 cad; repetir desde * 3 veces más; unir con pto desl en el extremo de la cad de com, no cerrar – 8 vs y 4 esp de 3 cad.

HILERA 2: Pto desl en el próximo pto; *2 cad, 8 var en el siguiente esp de 3 cad, 2 cad, pto desl en cada uno de los 2 ptos siguientes; repetir desde * 4 veces más omitiendo el último pto desl; unir con pto desl en el primer pto-- 32 vs , 8 ptos desl, y 8 esp de 2 cad. Cerrar.

HILERA 3: Unir B con mp solamente por la hatr de la primera vs de cualquier grupo de 8 vs, mp en los siguientes 3 ptos, 3 cad, mp en los próximos 4 ptos, saltear los ptos desl y los espacios de cad; *1 cad, mp en mp en siguientes 4 ptos, 3 cad, mp en mp en los siguientes 4 ptos; repetir desde * 2 veces más, 1cad, saltear los ptos desl y los espacios de cad; unir con un pto desl en el 1er mp, no cerrar –32 mp, 4 esp de 1 cad y 4 esp de 3 cad.

HILERA 4: 1 cad, trabajando en ambas hebras de los ptos, mp en cada uno de los próximos 4 ptos; *3 mp en el esp de 3 cad, mp en cada uno de los próximos 9 ptos; repetir desde * 2 veces más, 3 mp en el esp de 3cad, mp en cada uno de los últimos 5 ptos, unir con pto desl en la punta del primer mp –48mp. Cerrar.

Unión

Debe unirse en múltiplos de 2.

Coloque marcadores cada 2 motivos para que queden alineados
al unirlos.

En este proyecto, la distribución se realiza en base al damero,
pero debido a que el rectángulo es 2 ptos más largo que su
ancho, la unión requiere de un poco más de estrategia. En este
caso, con la aguja de coser lana, y A, cosa enfrentando los RL, a
través de la hebra externa solamente, el lado corto de un rectángulo con cualquier lado del cuadrado.

Hacer 65 pares.

Cuando todos los pares se hayan realizado, coser 13 pares en
forma de columna.

Coser la 5 columnas entre sí.

B	A	B	A	B	A	B	A	B	A
A	B	A	B	A	B	A	B	A	B
B	A	B	A	B	A	B	A	B	A
A	B	A	B	A	B	A	B	A	B
B	A	B	A	B	A	B	A	B	A
A	B	A	B	A	B	A	B	A	B
B	A	B	A	B	A	B	A	B	A
A	B	A	B	A	B	A	B	A	B
B	A	B	A	B	A	B	A	B	A
A	B	A	B	A	B	A	B	A	B
B	A	B	A	B	A	B	A	B	A
A	B	A	B	A	B	A	B	A	B
B	A	B	A	B	A	B	A	B	A

Diagrama de unión

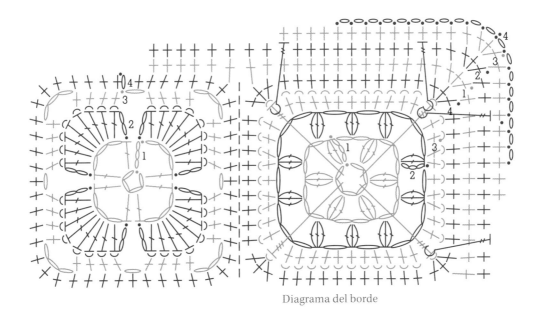

Diagrama del borde

Borde

HILERA 1: Unir A con mp en el mp central de una esquina comenzando un lado corto donde un rectángulo se ubica en una esquina, 2 mp en el mismo pto; *mp en cada uno de los ptos hasta la siguiente esquina, (incluyendo el mp central de cada motivo)**3 mp en el mp central de la siguiente esquina de 3 mp; repetir desde * alrededor, terminando la última repetición en **, uniendo con pto desl en el primer mp –622 mp. Cerrar.

HILERA 2: Unir C con mp en el mp central de la esquina de 3 mp comenzando un lado corto, 2 mp en el mismo pto, mp en cada uno de los siguientes 2 ptos; vtrad alrededor de la vtrad del motivo ubicado directamente abajo, saltear el pto detrás de la vtrad recién hecha, mp en cada uno de los siguientes 9 ptos, vtrad alrededor de la vtrad del motivo ubicado directamente abajo, saltear el pto detrás de la vtrad recién hecha, mp en cada uno de los siguientes 17 ptos*, repetir desde el 1er* a lo largo de los últimos 15 ptos anteriores a la esquina, mp en cada uno de los últimos 15 ptos, 3 mp en el siguiente pto, mp en cada uno de los siguientes 15 ptos; **vtrad alrededor de la siguiente vtrad, saltear el pto detrás de la vtrad recién hecha, mp en cada uno de los siguientes 7 ptos, vtrad alrededor de la vtrad del motivo ubicado directamente abajo, saltear el pto detrás de la vtrad recién hecha, mp en cada uno de los siguientes 17 ptos*, repetir desde ** hasta ** a lo largo de los últimos 15 ptos anteriores a la esquina, mp en cada uno de los siguientes 15 ptos; repetir desde * hasta *hasta 2 ptos antes de la esquina, mp en cada uno de los últimos 2 ptos, 3 mp en el siguiente pto, mp en cada uno de los 2 ptos, repetir desde ** hasta ** en los últimos 2 ptos, mp en cad uno de los últimos 2 ptos, unir con pto desl en el primer mp –630 mp. Cerrar.

HILERA 3: Join B with sc in middle sc of any 3-sc corner, 2 sc in same st; *sc in each st to next corner**, 3 sc in middle sc of sc-3 corner; rep from * around, ending last rep at **; join with sl st in first sc—638 sc. Fasten off.

HILERA 4: Unir A con pto desl en el mp central de cualquier esquina de 3 mp; 1 cad (pto desl, 1 cad) en cada pto alrededor; unir con pto desl en el primer mp –638 mp, 638 esp de 1cad. Cerrar.

Terminación. Rematar las hebras.

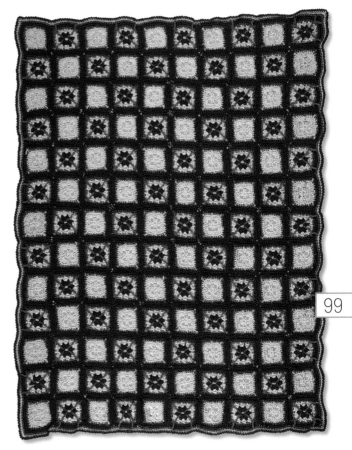

Abundancia de flores

Dificultad: Intermedia | Medidas finales: 44" × 57½" (112cm × 146cm)

Como un perfecto jardín, estos parches de flores reflejan la luz del sol y el cielo azul. Este proyecto es perfecto para usar sobrantes de hilados y crear un efecto de flores silvestres. Reemplaza el color naranja con múltiples colores y elige un color básico para unificar el proyecto entero y ¡voilá!, tendrás tu propio y único jardín de flores.

PARA EMPEZAR

HILADO

• Hilado semigrueso en dos colores diferentes (A y B)

El proyecto mostrado a la izquierda fue realizado usando en TLC Essentials (100% acrílico, ovillos de 6 oz/ 170g/ 312 yd/ 285 m) y 5 ovillos de color 2820 robin egg (A) y Red Heart Super Saver (100% acrílico, ovillos de 7 oz/ 198 g/ 364 yd/ 333 m) y 4 ovillos de color 256 carrot (B).

AGUJA

• Aguja de crochet medida K/ 10 ½ (6.5 mm) o cualquier otra medida para obtener la muestra.

HERRAMIENTAS

• Aguja de coser lana

MUESTRA

• Hileras 1-2 del patrón= 3 ½ "(9cm)

Motivo Parche Floral

Hacer 130.

Con A, 3 cad, unir en con pto desl para formar un anillo.

HILERA 1: (4cad, pto desl) 4 veces en el anillo; unir con pto desl en el primer pto desl –4 esp de 4 ptos, 4 ptos desl. Cerrar.

HILERA 2: Unir B con 1 pto desl en cualquier esquina de 4 cad, (com gr de vd, 3 cad, vd en el mismo esp), 3 cad; *(gr de vd, 3 cad, gr de vd) en el próximo esp de 3 cad, 3 cad; repetir desde *2 veces más; unir con 1 pto desl en el extremo del gr de comienzo –8 gr de vd, 8 esp de 3 cad. Cerrar.

HILERA 3: Unir A con 1 mp en el gr de comienzo previamente cerrado; *3 mp en el esp de 3 cad, mp en el próximo gr, (2mp, mv, 2mp) en el próximo esp de 3 cad, **, mp en el próximo gr; repetir desde * 2 veces más; repetir desde * hasta ** una vez; unir con pto desl en el primer mp, no cerrar –4 mv, 36 mp.

HILERA 4: 1 cad, mp en el mismo pto, mp en los próximos 6 ptos; *3 mp en la mv, mp en los próximos 9 mp, repetir desde * 2 veces más, 3 mp en la próxima mv, mp en los últimos 2 ptos, unir con pto desl en el primer mp –48 mp. Cerrar.

Unión

Con A y aguja de coser lana, acomodar los motivos en 10 columnas de 13 cuadrados, con los DL de los motivos enfrentados entre sí. Coser solamente a través de las hebras externas de los puntos, haciendo coincidir los mismos.

Borde

HILERA 1: Con A, unir solamente por la hebra de atrás del mp central de la esquina de 3 mp comenzando un lado corto, 2 mp más en el mismo pto, *trabajar 128 mp uniformemente espaciados a lo largo del lado corto, 3 mp en el mp central de la esquina de 3 mp, trabajar 167 mp uniformemente espaciados a lo largo del lado largo**, 3 mp en en el mp central de la esquina de 3 mp, repetir desde * hasta ** una vez, unir con pto desl en el primer mp, no cerrar –602 mp

HILERA 2: 1 cad, mp en el mismo pto, 3 cad, saltear 1 pto, *mp en el próximo pto, 2 cad, saltear 2 ptos*; repetir desde * hasta * 43 veces, **mp en el próximo pto, 3 cad, saltear 1 pto para la esquina**; repetir desde ** hasta ** 57 veces; repetir desde ** hasta** una vez; repetir desde * hasta *42 veces; repetir desde ** hasta ** una vez; repetir desde * hasta *56 veces, unir con pto desl en el primer mp—4 esquinas de 3 cad, 200 esp de 2 cad. Cerrar.

HILERA 3: Unir B con mp en el mp anterior de cada esquina, *1 cad, trabajando por detrás del esp de 3 cad de la hilera 2, (vs, 1cad, vs, 1cad, vs) en el siguiente mp sin usar de la hilera 1, 1 cad, mp en el siguiente pto de la hilera 2, (1 cad, trabajando por detrás del esp de 2 cad, 2vsjuntas en los siguientes 2 ptos sin usar de la hilera 1, 1 cad, mp en el próximo pto de la hilera 2) en el costado hasta la siguiente esquina; repetir desde * alrededor, omitiendo el último mp; unir con pto desl en el primer mp. Cerrar.

Terminación

Rematar las hebras.

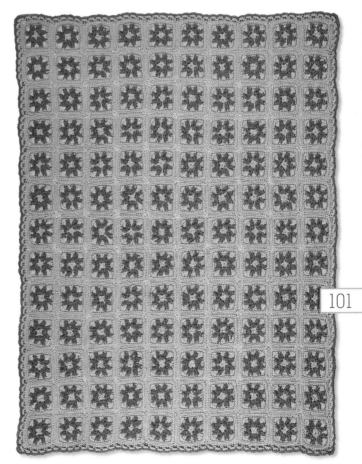

Diagrama del borde

Campiña francesa

Dificultad: Intermedia | Medidas finales: 41" × 57" (104cm × 145cm)

Imagina por un momento una mesa elegante y un juego de sillas en una cocina abierta de la campiña francesa. Las cortinas se mueven con la brisa; suculentas frutillas se derraman de un bol cercano a un brillante ramo de flores.

Azul y amarillo juntos me hacen imaginar como debe lucir una casa del sur de Francia.

PARA EMPEZAR

HILADO

• Hilado semigrueso en dos colores diferentes (A y B)

El proyecto mostrado fue realizado usando Caron Simply Soft (100% acrílico, ovillos de 6 oz/ 170g/ 315 yd/ 288 m), 4 ovillos en color 9945 sunshine (A) y 4 ovillos en color 9710 country blue (B).

AGUJA

• Aguja de crochet medida H/8 (5 mm) o cualquier otra medida para obtener la muestra.

• Aguja de crochet medida I/9 (5.5 mm) o cualquier otra medida para obtener la muestra.

• Aguja de crochet medida K/ 10 ½ (6.5 mm) o cualquier otra medida para obtener la muestra.

HERRAMIENTAS

• Aguja de coser lana.

MUESTRA

• Para este proyecto, recomiendo hacer una muestra para cada motivo, cambiando las agujas de manera tal que la medida de un cuadrado resulte igual a la medida de los otros dos. Los tres cuadrados deben tener la misma medida. Cada cuadrado completo debe tener 3 ½".

Notas: todas las hileras están trabajadas del DL. Realice primero un cuadrado de cada uno de los motivos, anotando la medida de la aguja que utilizó. Ajuste las agujas para que los tres motivos tengan la misma medida. El motivo Gerbera necesitará una medida más pequeña, tal como H o I, Bayas y Respaldo necesitarán una medida más grande de aguja, como J o K. No comience a producir los motivos hasta que no haya trabajado sobre las medidas.

Motivo A: Respaldo

Hacer 55.

Con aguja mediana y color B, 3 cad, unir en con pto desl para formar un anillo.

HILERA 1: 1 cad, (mp, 5 cad) 4 veces en el anillo, unir con un pto desl en la punta del primer mp –4 esp de 5 cad. Cerrar.

HILERA 2: Unir A con 1 mp en cualquier esp de 5 cad; *2 cad, 2vsj colocando la primer pierna en el mismo esp de 5 cad y la segunda pierna en el siguiente esp de 5 cad, 2 cad**, mp en el próximo esp de 5 cad; repetir desde * 2 veces más, repetir desde * hasta ** una vez; unir con 1 pto desl en la punta del primer mp, no cerrar –4 mp, 4 x 2vsj, 8 esp de 2 cad.

HILERA 3: 1 cad, 3 mp en el primer pto, ; *3mp en el siguiente esp de 2 ptos, mp en el próximo pto, 3 mp en el siguiente esp de 2 cad**, 3 mp en el siguiente pto; repetir desde * 2 veces más repetir desde * hasta ** una vez más; unir con pto desl en el primer mp –40 mp. Cerrar.

HILERA 4: Unir B con un mp donde previamente se cerró, *3mp en el siguiente pto, mp en los siguientes 9 ptos; repetir desde * dos veces más, 3 mp en el próximo pto, mp en los últimos mp; unir con pto desl en el primer mp –48 mp. Cerrar.

Motivo B: Bayas

Hacer 55.

Con la aguja más grande y color A, 4 cad, unir con pto desl para formar un anillo.

HILERA 1: Com gr en el anillo, 3 cad, (gr, 3 cad) 3 veces en el anillo; unir con un pto desl. En la punta del gr de com– 4 gr y 4 esp de 3 cad. Cerrar.

HILERA 2: Unir B con 1 mp en cualquier esp de 3 cad, * 3 cad, desl 1 pto en el mismo pto, (desl pto, 3cad, desl pto) en el siguiente gr**, desl pto en el siguiente esp de 3 cad; repetir desde * 2 veces más; repetir desde * hasta ** una vez más, unir con un pto desl en el primer pto desl –8 esp de 3 cad. Cerrar.

HILERA 3: Unir A con 1 mp en el esp de 3 cad de cualquier gr; *2cad, (2vs, vd, 2vs) en el siguiente esp de 3 cad, 2 cad **, mp en

el siguiente espacio de 3 cad; repetir desde * 2 veces más, repetir desde * hasta ** una vez más, unir con un pto desl en el primer mp, no cerrar –4 mp, 8 vs, 4 vd, 8 esp de 2 cad.

HILERA 4: 1 cad, mp en el mismo pto, *2 mp en el siguiente esp de 2 cad, mp en elos siguientes 2 ptos, 3 mp en el próximo pto, mp en los siguientes 2 ptos, 2 mp en el esp de 2 cad**, mp en el siguiente pto; repetir desde * 2 veces más; repetir desde * hasta ** una vez; unir con un pto desl en el primer mp –48 mp. Cerrar.

Motivo C: Gerbera

Hacer 55.

Con la aguja más pequeña y color A, 4 cad, unir en con pto desl para formar un anillo.

HILERA 1: 1 cad, 8 mp en el anill; unir con un pto desl en el primer mp –8 mp. Cerrar.

HILERA 2: Unir B con 1 mp en cualquier pto, mp en el mismo pto; 2 mp en cada uno de los siguientes 7 ptos; unir con un pto desl en el primer mp –16 mp. Cerrar.

HILERA 3: Unir A con 1 mp en cualquier pto, 3 cad; (mp, 3 cad) en cada uno de los siguientes 15 ptos; unir con un pto desl en el primer mp –16 mp, 16 esp de 3 cad. Cerrar.

HILERA 4: Unir B con un mp en cualquier pto, 4 cad; *mp en el siguiente mp, 4 cad, repetir desde * 14 veces más; unir con un pto desl en el primer mp –16 mp, 16 esp de 4 cad. Cerrar.

HILERA 5: Trabajando en los ptos por debajo de la hil 4, unir A con 1 mp en cualquier esp de 3 cad de la hilera 3; * 6 cad, saltear todos los ptos de la hil 4, saltear 3 esp de 3 cad de la hil 3, mp en el siguiente esp de 3 cad de la hil 3; repetir desde *2 veces más, 6 cad; unir con un pto desl en el primer mp, no cerrar –4 mp, 4 esp de 6 cad. Cerrar.

HILERA 6: 3 cad (cuenta como una vs), 2vs en el mismo pto; *7 vs en el próximo esp de 6 cad, 3 vs en el próximo pto; repetir desde * 2 veces más, 7 vs en el próximo esp de 6 cad; unir con un pto desl al extremo de las 3 cad de comienzo –40 vs. Cerrar.

HILERA 7: Unir B con un mp en la vareta central de la esq de 3 varetas simples, 2 mp en el mismo pto; *mp en los próximos 9 ptos, 3 mp en el próximo pto; repetir desde * 2 veces más, mp en los últimos 9 ptos; unir con un pto desl en el primer mp –48 mp. Cerrar.

Unión

Con la aguja de coser lana y B; y los DL de los motivos enfrentados entre sí, coser los motivos a través de ambas hebras y ambos espesores de acuerdo con el diagrama de abajo.

A	B	C	A	B	C	A	B	C	A	B
C	A	B	C	A	B	C	A	B	C	A
B	C	A	B	C	A	B	C	A	B	C
A	B	C	A	B	C	A	B	C	A	B
C	A	B	C	A	B	C	A	B	C	A
B	C	A	B	C	A	B	C	A	B	C
A	B	C	A	B	C	A	B	C	A	B
C	A	B	C	A	B	C	A	B	C	A
B	C	A	B	C	A	B	C	A	B	C
A	B	C	A	B	C	A	B	C	A	B
C	A	B	C	A	B	C	A	B	C	A
B	C	A	B	C	A	B	C	A	B	C
A	B	C	A	B	C	A	B	C	A	B
C	A	B	C	A	B	C	A	B	C	A
B	C	A	B	C	A	B	C	A	B	C

Diagrama de unión

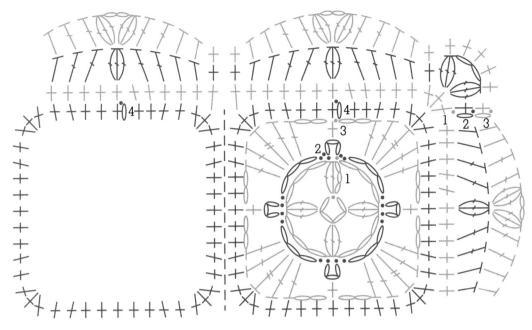

Diagrama de borde

Borde

Nota: todas las hileras de borde están trabajadas del DL.

HILERA 1: Con B y la aguja más grande, unir con mp en el mp central de una esquina comenzando un lado corto, 2 mp en el mismo pto; tomando cuidado de trabajar 13 mp a lo largo de cada lado de cada motivo (incluyendo un mp de la esquina de los motivos del final)** , colocar 3 mp en el mp central de la esquina de 3 mp; repetir desde * alrededor, termiannndo la última repetición en **; unir con un pto desl al primer mp, no cerrar –680 mp.

HILERA 2: 1 cad, mp en el primer pto, **(gr, 2 cad, gr) en el siguiente mp, * mp en el siguiente pto, mv en cada uno de los siguientes 2 ptos, vs en cada uno de los siguientes 2 ptos, saltear 1 pto, gr en el siguiente pto, saltear 1 pto, vs en cada uno de los siguientes 2 ptos, mv en cad uno de los siguientes 2 ptos, mp en el siguiente pto; repetir desde *a lo largo de la siguiente esquina; repetir desde ** alrededor, omitiendo el último mp; unir con un pto desl al primer mp, no cerrar.

HILERA 3: 1 cad, mp en el primer pto, **en el siguiente gr, 3 mp en el próximo esp de 2 cad, mp en el siguiente gr, * mp en el siguiente pto, mv en cada uno de los siguientes 2 ptos, vs en cada uno de los siguientes 2 ptos, (gr, 2 cad, gr) en el siguiente gr, vs en cada uno de los siguientes 2 ptos, mv en cada uno de los siguientes 2 ptos, mp en el siguiente pto; repetir desde *a lo largo hasta la siguiente esquina ; repetir desde ** alrededor, omitiendo el último mp; unir con un pto desl al primer mp. Cerrar.

Terminación

Rematar las hebras.

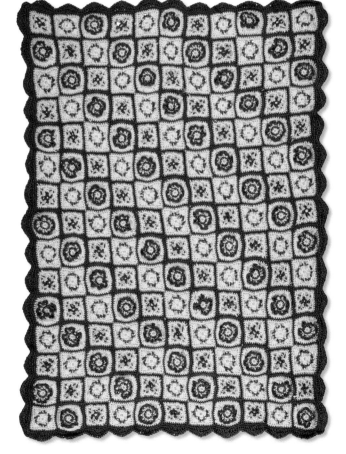

Estallido de estrellas
Dificultad: Intermedia | Medidas finales: 49" × 67" (124cm × 170cm)

Cuando descanso en el parque y miro hacia las estrellas,
puedo ver la inspiración para esta manta. Sosteniendo un
prisma hacia las estrellas de la medianoche, el brote estelar
es brillante y cautivador. ¿Qué estrellas puedes ver en tú parte
del mundo?

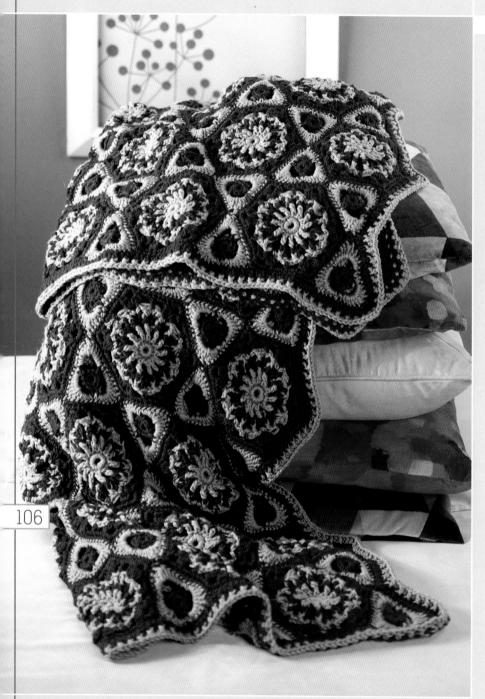

PARA EMPEZAR
HILADO
• Hilado semigrueso en dos colores diferentes
(A y B)

*El proyecto mostrado fue realizado usando Louet
Gems (100% lana merino), ovillos de 3.5 oz/ 100
g/ 94 yd/ 86 m), 12 ovillos en color 66 bright blue
(A) y 6 ovillos en color 42 eggplant (B).*

AGUJA
• Aguja de crochet medida I/ 10 ½ (5.5 mm)
o cualquier otra medida para obtener la
muestra.
• Aguja de crochet medida K/ 10 ½ (6.5 mm)
o cualquier otra medida para obtener la
muestra.

HERRAMIENTAS
• Aguja de coser lana.

MUESTRA
• Hexágono con aguja más grande,
hileras 1 – 2 del patrón: 3" (8cm)

- vsad= vareta simple tomada por adelante
- gr= grupo
- com gr= comenzar grupo
- 3mpjuntos = disminución de 3 medios puntos: [insertar el crochet en el siguiente pto, laz, pasar el hilado por el pto] 3 veces, laz, pasar el hilado por los 4 ptos en la aguja.

Nota: todas las hileras están trabajadas del DL.

Motivo A: Brillante

Hacer 60.

Con A, 5 cad, unir con pto deslizado para formar un anillo.

HILERA 1: 1 cad, 12 mp en el anillo; unir con pto desl en el primer mp, no cerrar –12mp.

HILERA 2: 6 cad (cuentan como una vd más 2 cad); *vd en el siguiente pto, 2 cad; repetir desde * 10 veces más; unir con pto desl a la 4ta cad del comienzo de 6 cad— 12 vd, 12 esp de 2 cad. Cerrar.

HILERA 3: Unir B com pto desl en cualquier esp de 2 cad, 5 cad (cuentan como una vs más 2 cad), vs en el mismo esp, *vsad alrededor de la siguiente vd, (vs, 2 cad, vs) en el próximo esp de 2 cad; repetir desde * 10 veces más; *vsad alrededor de la vd; unir con pto desl a la 3er cad del comienzo de 5 cad— 12 vdad, 24 vs. Cerrar.

HILERA 4: Unir A con mp en cualquier esp de 2 cad, 2 mp más en el mismo esp; *saltear 1 pto, vsad alrededor del siguiente pto, saltear 1 pto, (mp, 2 cad, mp) en el siguiente esp de 2 cad, saltear 1 ptos, vsad alrededor del siguiente pto, ** saltear 2 pto, 3 mp en el siguiente esp de 2 cad; repetir desde * 4 veces más; repetir desde * hasta ** una vez, unir con pto desl en el primer mp, no cerrar –60mp, 12 vsad y 6 esp de 2 cad. Cerrar.

HILERA 5: Unir B con pto desl en el mp central de cualquier esp de 3 mp, 4 cad (cuentan como mv más 2 cad) *saltear los siguientes 3 ptos, (gr, 3 cad, gr) en el esp de 2 cad, 2 cad, saltear 3 ptos**mv en el siguiente mp de 2 cad; repetir desde * 4 veces más; repetir desde * hasta ** una vez, unir con pto desl en la 2da cad del comienzo de 4 cad, no cerrar –12 gr y 6 mp.

HILERA 6: 1 cad, mp en el mismo pto, *2 mp en el esp de 2 cad, mp en el gr, 5 mp en el esp de 3 cad, mp en el siguiente pto, 2 mp en el esp de 2 cad**, mp en el siguiente pto; repetir desde * 4 veces más; repetir desde * hasta ** una vez, unir con pto desl en el primer mp –72 mp. Cerrar.

Motivo B: Sereno

Hacer 120.

Con A, 5 cad, unir con pto deslizado para formar un anillo.

HILERA 1: 1 cad, 9 mp en el anillo, unir con pto desl en el primer mp, no cerrar – 9 mp.

HILERA 2: 1 cad, mp en el mismo pto; 7 cad, saltear los siguientes 2 ptos; * mp en el próximo pto, 7 cad, saltear 2 ptos, repetir desde* una vez más; unir con pto desl en el primer mp – 3 mp, 3 esp de 7 cad. Cerrar.

HILERA 3: Unir B com mp en cualquier esp de 7 cad, (mp, 2 mv, vs, vd, vs, 2 mv, 2 mp) en el mismo pto, mp en el próximo pto; *(2 mp, 2 mv, vs, vd, vs, 2 mv, 2 mp) en el próximo esp de 7 ptos, mp en el mismo pto; repetir desde * una vez más; unir con pto desl en el primer mp – 3 vd, 6 vs, 12 mv, 15 mp. Cerrar.

Terminación

Rematar las hebras.

Unión

Para unir los hexágonos con los triángulos y formar la manta, sugiero encontrar maneras de hacer filas y luego unir las mismas.

Para nuestro proyecto, unir 2 triángulos a los lados adyacentes de cada hexágono para obtener formas de peces. Con la aguja de coser lana y A, sostener por el DL un hexágono y un triángulo juntos, haciendo coincidir los puntos y cosiendo a través de ambos espesores. Repetir para el segundo triángulo en el mismo hexágono, colocando el triángulo en un lado adyacente. ¿No se parece a un pez?

Alinear todos los peces en una fila.

Con aguja de coser lana y A, sostener los DL de cada juego, haciendo coincidir los puntos, coser los peces para formar una fila.

Cuando todos los juegos estén unidos en filas, colocar las mismas una al lado de la otra de manera que un triángulo se encuentre con un lado de un hexágono. Con los DL y coincidiendo los puntos, coser las filas.

Borde

Nota: todas las hileras de terminación se trabajan sobre el DL.

HILERA 1: Con A y usando la aguja más pequeña, unir con mp en la vd de la esquina de un triángulo comenzando un lado largo, 2 mp más en el mismo espacio, mp en cada pto. En la unión que se encuentra entre dos triángulos, 3vsjuntas, insertar la aguja en la vd del primer triángulo y formar una lazada, insetar la aguja en el mp central del hexágono y hacer una lazada, insertar la aguja en la vd del siguiente triángulo y formar una lazada, lazada y pasar la aguja por todos los puntos de la misma, continuar colocando un mp en cada pto excepto en las 3vsjuntas situadas en la unión de dos triángulos y en las esquinas de los hexágonos. En la esquina de un hexágono, tejer 3 mp en el mp central de la esquina de 5 mp; en las esquinas del triángulo restante, trabajar 3 mp en el mp de la esquina. Continuar con el patrón alrededor hasta el primer pto, pto desl en el primer mp. No cerrar.

HILERA 2: 3 cad (cuentan como una vs), vs en cada pto alrededor, colocando 3 vs en cada esquina de los hexágonos y triángulos; unir con pto desl en el extremo del comienzo de 3 cad. Cerrar.

HILERA 3: Con B y usando la aguja más pequeña, unir B con pto desl en el pto previamente cerrado, 2 cad (cuentan como una mv), mv en el siguiente pto, * en el siguiente pto (y en todas las esquinas) , trabajar: (vsad, mv, vsad) en el mismo pto central de la esquina de 3 vs; (vsad en el siguiente pto, mv en el siguiente pto) en la próxima esquina; repetir desde *alrededor; unir con pto desl al extremo del comienzo de 2 cad. Cerrar.

Terminación

Rematar las hebras.

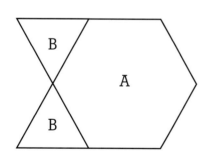

Forma de pez

108

Diagrama de unión

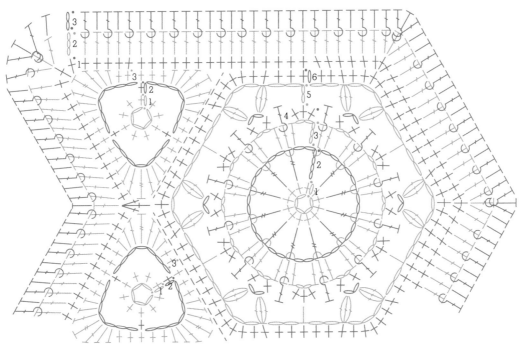

Diagrama de borde

Marea oceánica

Dificultad: Intermedia | Medidas finales: 49" × 60" (124cm × 152cm)

El azul y el verde me recuerdan al agua y a las algas;
el rojo al fenómeno de la marea roja; y las ondas
fluctuantes del borde muestran el reflujo y la crecida de
la naturaleza dinámica del siempre cambiante océano.

PARA EMPEZAR

HILADO

• Hilado semigrueso en tres colores diferentes
(A, B y C)

*El proyecto mostrado fue realizado usando
Bernat Satin (100% acrílico, ovillos de 3.5
oz/100g/163 yd/149 m), 6 ovillos en color 04531
rouge (A), 4 ovillos en color 04222 fern (B) y 3
ovillos en color 04141 sapphire (C).*

AGUJA

• Aguja de crochet medida K/ 10 ½ (6.5 mm)
o cualquier otra medida para obtener la
muestra.

HERRAMIENTAS

• Aguja de coser lana

• Marcadores de puntos (opcionales)

MUESTRA

• Hexágono completo = 6" (15 cm) (2 tienen 5
hileras, 1 tiene 6 hileras)

- com pop= comenzar punto pop corn
- pop= popcorn (5vs)
- vsatr= vareta simple tomada por atrás
- 2mpjuntos = tejer 2 mp juntos
- cangr = punto cangrejo
- 3mpjuntos = disminución de 3 medios puntos: [insertar el crochet en el siguiente pto, laz, pasar el hilado por el pto] 3 veces, laz, pasar el hilado por los 4 ptos en la aguja.

Nota: todas las hileras están trabajadas del DL.

Motif A: Parche OVNI

Hacer 28. Con A, 4 cad, unir con pto deslizado para formar un anillo.

HILERA 1: 3 cad (cuentan como una vs), 4vs en el anillo; * 2 cad, 5vs en el anillo; repetir desde * una vez, 2 cad; unir con pto desl al extremo del comienzo de 3 cad—15 vs, 3 esp de 2 cad. Cerrar.

HILERA 2: Unir B con pto desl en la 5ta vs de un gr de 5 vs anterior a cualquier esquina de 2 cad, 3 cad (cuentan como una vs), 4 vs más en el mismo pto, 3 cad, saltear el esp de 2 cad, 5 vs en el siguiente pto, 1 cad, saltear 3 ptos, 5 vs en el próximo pto, 3 cad, saltear el esp de 2 cad, 5 vs en el siguiente pto, 1 cad, saltear 3 ptos, 5 vs en el siguiente pto, 3 cad, saltear el esp de 2 cad, 5 vs en el siguiente pto, 1 cad; unir con pto desl al extremo del comienzo de 3 cad—30 vs, 3 esp de 3 cad, 3 esp de 1 cad. Cerrar.

HILERA 3: Trabajando por detrás de la hilera 2, unir A con pto desl en cualquier esp de 2 cad de la hilera 1, 4 cad (cuentan como vd), 4 vd en el mismo esp, 3 cad, saltear 5 ptos de la hilera 2, 5 vd en la vs central del siguiente grupo de 5 vs de la hilera 1, 3 cad; * 5 vd en el siguiente esp de 2 cad de la hilera 1, 3 cad, 5vd en la vs central del grupo de 5 vs de la hilera 1, 3 cad; repetir desde *una vez, unir con pto desl al extremo del comienzo de 4 cad, no cerrar—30 vd, 6 esp de 3 cad.

HILERA 4: Unir C con pto desl en el mismo mp donde se cerró, 3 cad (cuentan como una vs), vs en los próximos 4 ptos; *(2vs, vd, 2vs) en la esquina de 3 cad, vs en los siguientes 5 ptos; repetir desde * 4 veces más; *(2vs, vd, 2vs) en la esp de 3 cad; unir con pto desl al extremo del comienzo de 3 cad—6 vd, 54 mp. Cerrar.

HILERA 5: Unir B con mp en una esquina de vd anterior a cualquier esq de 3 cad en la hilera 2, 2 mp en el mismo pto; *mp en los siguientes 4 ptos, trabajando por delante de la hilera 3, una vs larga en el siguiente esp de 3 cad sin usar de la hilera 2, saltear 1 pto de la hilera 5 detrás de la vs recién trabajada, mp en los siguientes 4 ptos, 3 mp en el siguiente pto, mp en cada uno de los siguientes 9 ptos**, 3 mp en el siguiente pto; repetir desde * una vez; repetir desde * hasta ** una vez, unir con pto desl al primer mp –3 vs, 69 mp. Cerrar.

Motivo B: Centelleo

Hacer 28. Con A, 4 cad, unir con pto deslizado para formar un anillo.

HILERA 1: 3 cad, (cuentan como la primera vs) 11 vs en el anillo; unir con pto desl al extremo del comienzo de 3 cad, no cerrar –12vs.

HILERA 2: 1 cad, mp en el primer pto, 7 cad, saltear 1 pto; *mp en el siguiente pto, 7 cad, saltear 1 pto; repetir desde * 4 veces más; unir con pto desl al primer mp, no cerrar—6 mp, 6 esp de 7 cad.

HILERA 3: Unir B con mp en cualquier mp, mp en las siguientes 7 cad, * mp en el siguiente mp, mp en las siguientes 7 cad; repetir desde * 4 veces más; unir con pto desl al primer mp —48 mp. Cerrar.

HILERA 4: Unir A con mp en el 2do mp en el 4to mp de los 7 mp de lado; *3 cad, saltear 3 mp, vs en el próximo pto, 3 cad**, saltear 3 ptos, mp en el siguiente mp; repetir desde * 4 veces más; repetir desde * hasta ** una vez, unir con pto desl al primer mp, no cerrar —6 vs, 6 mp, 12 esp de 3 cad.

HILERA 5: 3 cad, (cuentan como la primera vs), 2 vs en el mismo pto, 3 vs en el siguiente esp de 3 cad, vs en el siguiente pto, 3 vs en el esp de 3 cad; *3 vs en el siguiente pto, 3 vs en el esp de 3 cad , vs en el siguiente pto, 3 vs en el esp de 3 cad; repetir desde * 4 veces más; unir con pto desl al extremo del comienzo de 3 cad—60 mp. Cerrar.

HILERA 6: Unir B com mp en la vs central de cualquier esquina de 3 vs, 2 mp en el mismo pto, mp en los siguientes 9 ptos; *3 mp en el siguiente mp, mp en los siguientes 9 ptos; repetir desde * 4 veces más; unir con pto desl en el primer mp—72 mp. Cerrar.

Motivo C: Marea roja

Hacer 27. Con A, 3 cad, unir con pto deslizado para formar un anillo.

HILERA 1: 4 cad (cuentan como una vs más 1 cad), (vs, 1 cad) 5 veces en el anillo; unir con pto desl en la 3er cad del com de 4 cad, no cerrar –6 vs, 6 esp de 1 cad.

HILERA 2: com pop en el primer pto, 4 cad, saltear 1 esp de 1 cad; *pop en el siguiente pto, 4 cad, saltear 1 esp de 1 cad; repetir desde * 4 veces más; unir con pto desl al extremo del com del pop. Cerrar.

HILERA 3: Unir B com pto desl en cualquier esp de 4 cad, 4 cad (cuentan como la primera vd) 6 vd más en el mismo esp; *2 cad, saltear pop, 7 vd en el próximo esp de 4 cad; repetir desde * 4 veces más, 2 cad, saltear pop, unir con pto desl al extremo del comienzo de 4 cad—42 vd, 6 esp de 2cad. Cerrar.

HILERA 4: Unir C com pto desl en cualquier esp de 2 cad, 3 cad (cuentan como vs) 2 vs más en el mismo esp, vsatr alrededor de los siguientes 7 ptos; * 3 vs en el esp de 2 cad, vsatr alrededor de los siguientes 7 ptos; repetir desde * 4 veces más, unir con pto desl al extremo del comienzo de 3 cad—42 vsatr, 18 vs. Cerrar.

HILERA 5: Unir A com mp en la vs central de cualquier esquina de 3vs, 2 mp en el mismo pto, mp en cada uno de los siguientes 9 ptos; *3 mp en el próximo pto, mp en cada uno de los siguientes 9 ptos; repetir desde * 4 veces más; unir con pto desl al primer mp—72 mp. Cerrar.

Unión

Nota: los motivos de parche UFO están distribuídos aleatoriamente, sin una orientación en particular.

Con los motivos apilados en filas de 7 u 8 y una aguja de coser lana, y con los DL enfrentados y color A, coser a través de los ptos coincidentes con puntadas cortas y horizontales hasta que todas las tiras estén terminadas.

Cuando todas las tiras estén hechas, distribuir las mismas de manera que las tiras más cortas queden entre las más largas. Abróchelas entre sí con la ayuda de los marcadores de punto tipo candado o pequeños alfileres de ganchos (imperdibles) si le es más fácil de visualizar. Coser las filas entre sí.

Borde

Nota: todas las hileras del borde son trabajadas del DL.

HILERA 1: Unir A con mp en cualquier pto, mp en cada pto alrededor, trabajando 3 mp en el mp central de cada esquina de 3 mp, 3mpjuntos en cad unión entre motivos, unir con pto desl en el primer mp. Cerrar.

HILERA 2: Unir B con mp en cualquier pto, mp en cada pto alrededor, trabajando 3 mp en el mp central de cada esquina de 3 mp, 3mpjuntos en cad unión entre motivos, unir con pto desl en el primer mp. Cerrar.

HILERA 3: Unir A con pto desl cualquier pto, 3 cad (cuentan como vs),* vs en cada uno de los siguientes ptos hasta la esquina, pop en el pto central de la esquina de 3 mp; repetir desde* alrededor, vs en cad uno de los ptos restantes hasta el comienzo; unir con pto desl al extremo del comienzo de 3 cad.

HILERA 4: 1 cad, mp en cada uno de los ptos alrededor, unir con pto desl al primer mp.

HILERA 5: 1 cad, trabajando de izquierda a derecha, mp cangr en cada pto alrededor, unir con pto desl al primer mp cangr. Cerrar.

Terminación

Rematar las hebras.

Diagrama de unión

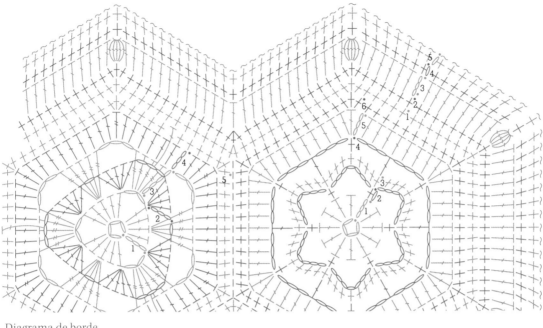

Diagrama de borde

Octógonos primaverales

Dificultad: Avanzado | Medidas finales: 52" × 66" (132cm × 168cm)

Esta manta es ideal para usar tu alijo de hilado. Usa los restos de lana y unifica el proyecto con un color base neutro.

Este proyecto ofrece suficiente variedad para mantener tu interés y adecuadas repeticiones para dejar que el progreso avance.

PARA EMPEZAR

HILADO

• Hilado semigrueso en 4 colores diferentes (A, B, C y D)

El proyecto mostrado fue realizado usando Plymouth Encore (75% acrílico, 25% lana, ovillos de 3.5 oz/100 g/ 200 yd/ 183 m) 6 ovillos en color 9408 light pink (A), 4 ovillos en color 0215 yellow (B), 2 ovillos en color 1317 teal (C) y 6 ovillos en color 180 dark pink (D).

AGUJA

• Aguja de crochet medida G/ 6 (4 mm) o cualquier otra medida para obtener la muestra.

• Aguja de crochet medida K/ 10 ½ (6.5 mm) o cualquier otra medida para obtener la muestra.

• Aguja de crochet medida J/ 10 (6 mm) o cualquier otra medida para obtener la muestra.

HERRAMIENTAS

• Aguja de coser lana

MUESTRA

• Cada octágono terminado debe medir 6 ½" desde un lado hasta el lado opuesto. Más importante que el nro de pulgadas es que los tres motivos elegidos necesitan ser del mismo tamaño para poder encajar correctamente. El lado de un cuadrado debe medir igual (en pulgadas) que el lado de un octágono.

- phad = por la (s) hebra (s) de adelante
- phatr = por la (s) hebra (s) de atrás

Nota: todas las hileras están trabajadas del DL.

Motivo A: Pensamiento púrpura

Hacer 26.

Con A y una aguja mediana, 5 cad, unir con pto deslizado para formar un anillo.

HILERA 1: com gr en el anillo, (2 cad, gr) en el anillo 7 veces, 2 cad; unir con pto desl al extremo del comienzo del gr—8 gr y 8 esp de 2 cad. Cerrar.

HILERA 2: Unir B con pto desl en cualquier esp de 2 cad, 3 cad (cuentan como una vs), 2 vs en el mismo pto; *2 cad, saltear 1 gr, 3 vs el esp de 2 cad; repetir desde * 6 veces más, 2 cad; unir con pto desl al extremo del comienzo de 3 cad –24 vs, 8 esp de 2 cad. Cerrar.

HILERA 3: Unir C con mp en cualquier esp de 2 cad, (2cad, mp) en el mismo esp; * mp en cada uno de los siguientes 3 cad (mp, 2 cad, mp) en el esp de 2 cad; repetir desde *6 veces más; unir con pto desl al primer mp – 8 esp de 2 cad, 40 mp. Cerrar.

HILERA 4: Unir D con pto desl en cualquier esp de 2 cad, 3 cad (cuentan como una vs), 2 vs en el mismo pto; *2 cad, vsad en la vs central del grupo de 3 vs en la hilera 2, 2 cad**, 3 vs en el próximo esp de 2 ptos; repetir desde *6 veces más; repetir desde * hasta **una vez; unir con pto desl al exteremo del comienzo de 3 cad, no cerrar – 24 vs, 8 vsad, 16 esp de 2 cad.

HILERA 5: 1 cad, mp en el mismo pto; *3mp en el próximo pto, 3mv en el esp de 2 cad, mv en el siguiente pto, 3 mv en el esp de 2 cad**, mp en el próximo pto; repetir desde *6 veces más; repetir desde * hasta **una vez; unir con pto desl al primer mp – 56 mv, 40 mp. Cerrar.

Motivo B: Atardecer púrpura

Hacer 27.

Con B y la aguja más grande, 4 cad, unir con pto deslizado para formar un anillo.

HILERA 1: 1 cad, 8 mp en el anillo; unir con pto desl en el primer mp, no cerrar –8 mp.

HILERA 2: 4 cad (cuentan como una vd); vd en el mismo pto; * 2 cad; 2 vd en el próximo pto; repetir desde * 6 veces más, 2 cad; unir con pto desl al extremo de 4 cad— 16 vd, 8 esp de 2 cad. Cerrar.

HILERA 3: Unir C com pto desl en cualquier esp de 2 cad, 3 cad (cuentan como una vs), vs en los siguientes 2 ptos; *(vs, 3 cad, vs) en el esp de 2 cad, vs en cada uno de los siguientes 2 ptos; repetir desde * 6 veces más, vs en el esp de 2 cad, 3 cad; unir con pto desl al extremo de 3 cad – 32 vs, 8 esp de 3 cad. Cerrar.

HILERA 4: Unir D con mp en cualquier esquina de 3 cad, 4 mp más en el mismo esp; *1 cad, saltear 1 pto, mp en cada uno de los siguientes 2 ptos, 1 cad, saltear 1 pto**, 5 mp en el esp de 3 cad; repetir desde

* 6 veces más, repetir desde * hasta ** una vez más; unir con pto desl en el primer mp, no cerrar— 56 mp, 16 esp de 1 cad.

HILERA 5: 1 cad, mp en el mismo pto, mp en el siguiente pto; * 3 mp en el siguiente pto, mp en cada uno de los siguientes 2 ptos, mp en el esp de 1 cad, 3 cad, saltear 2 ptos, mp en el esp de 1 cad; *, mp en cada uno de los siguientes 2 ptos; repetir desde * 6 veces más, repetir desde * hasta ** una vez; unir con pto desl en el primer mp— 8 esp de 3 cad, 72 mp. Cerrar.

Motivo C: Granny octagonal

Hacer 27.

Con C y la aguja mediana, 4 cad, unir con pto deslizado para formar un anillo.

HILERA 1: 3 cad (cuentan como una vs), 2vs en el anillo, 3 cad; * 3 vs en el anillo, 3 cad; repetir desde * 2 veces más; unir con pto desl al extremo del comienzo de 3 cad—12 vs, 4 esp de 3 cad. Cerrar.

HILERA 2: Unir B con pto desl en cualquier esp de 3 cad, 3 cad (cuentan como una vs), (2vs, 3 cad, 3 vs) en el mismo esp; *3 cad, (3vs, 3 cad, 3 vs) en el próximo esp de 3 cad, repetir desde * 2 veces más, 3cad; ; unir con pto desl al extremo del comienzo de 3 cad—24 vs, 8 esp de 3 cad. Cerrar.

HILERA 3: Unir A con pto desl en cualquier esp de 3 cad, 3 cad (cuentan como una vs), (2vs, 3 cad, 3 vs) en el mismo esp; *1 cad, (3vs, 3 cad, 3 vs) en el próximo esp de 3 cad; repetir desde * 6 veces más, 1 cad ; unir con pto desl al extremo del comienzo de 3 cad—48 vs, 8 esp de 3 cad, 8 esp de 1 cad. Cerrar.

HILERA 4: Unir D con pto desl en cualquier esp de 3 cad, 3 cad (cuentan como una vs); *vs en cad uno de los siguientes 7 ptos, (vs, 3 cad, vs) en el esp de 3 cad; repetir desde * 6 veces más, vs en cad uno de los siguientes 7 ptos, (vs, 3 cad, vs) en el esp de 3 cad; unir con pto desl al extremo del comienzo de 3 cad—8 esp de 3 cad, 72 vs. Cerrar.

Motivo D: Poder estelar

Hacer 63.

Con B y la aguja más pequeña, 4 cad, unir en con pto desl para formar un anillo.

HILERA 1 (DL): 1 cad, 8mp en el anillo; unir con un pto desl en had del primer mp, no cerrar – 8mp.

HILERA 2: (DL) * 6 cad, pto desl en la segunda cad desde la aguja (lugar del rayo de la estrella), mp en la próxima cad, mv en la próxima cad, vs en cada una de las 2 próximas cad, desl un pto en had del siguiente mp de la hil 1; repetir desde * 7 veces más, unir con pto desl en el primer mp, no cerrar –16 vs, 8 vs, 8 mp, 8 ptos desl.

HILERA 3: Con el RL mirando a la tejedora, unir A con mp en cualquiera de las hatr libres de la hilera 2, mp en la próxima hatr libre de la hilera 2; *3cad, mp en cada una de las 2 siguientes hatr (s) libres; repetir desde * 2 veces más, 3 cad; unir con un pto desl en el primer mp, no cerrar –8 mp, 4 esp de 3 cad.

HILERA 4: 3 cad (cuentan como una vs), girar; (2mp, 3 cad, 2 vs) en el esp de 3 cad; *vs en cada uno de los siguientes 2 ptos, (2mp, 3 cad, 2 vs) en el esp de 3 cad; repetir desde * 2 veces más, vs en el último pto; unir con un pto desl en la punta de las 3 cadenas de comienzo, no cerrar –24 vs, 4 esp de 3 cad.

HILERA 5: 3 cad, no girar, vs en cada uno de los siguientes 2 ptos, (2vs en el esp de 3 cad, mp en el lugar del rayo de la estrella, 2 vs en el mismo esp de 3 cad) * vs en cada uno de los siguientes 3 ptos, 2 vs en el esp de 3 cad, mp en el pto desl del lugar del siguiente rayo de la estrella; 2 vs en el mismo esp de 3 cad) ; repetir desde* 2 veces más, vs en los próximos 3 ptos, mp en el lugar del siguiente rayo de la estrella; unir ocn un pto desl en la punta de las 3 cad de comienzo –40 vs, 8 mp. Cerrar.

Unión

Ordenar los octógonos en 8 columnas de 10 octágonos cada una de acuerdo con el diagrama.

Con el RL de la manta mirando a la tejedora, color A y la aguja más pequeña, hacer coincidir los puntos, mp en los puntos de los octógonos contiguos y de un lado del cuadrado con un lado octagonal expuesto; unir con pto desl en el primer mp—48 mp. Cerrar. Repetir para todos los cuadrados.

Borde

HILERA 1: Con el DL mirando a la tejedora y aguja mediana, unir en cualquier pto con un mp, mp en cada pto alrededor, tejer 3 mp en el mp central de los 3 mp de la esquina, 3 mp en la esquina de 3 cad; unir con pto desl en el primer mp. Cerrar.

Terminación

Rematar las hebras.

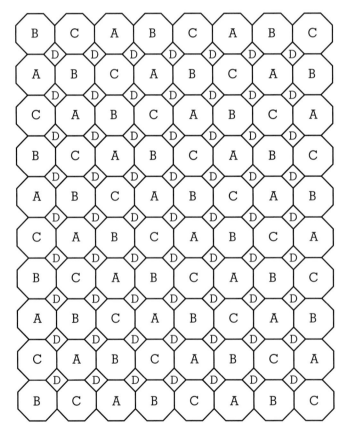

Diagrama de unión

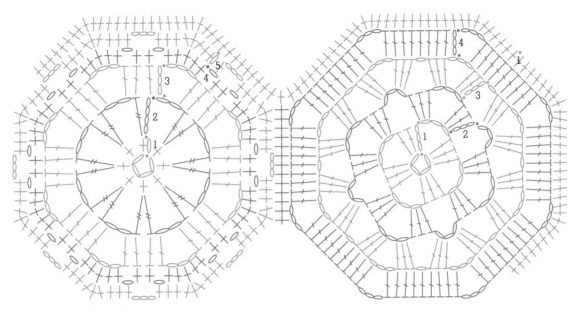

Diagrama de borde

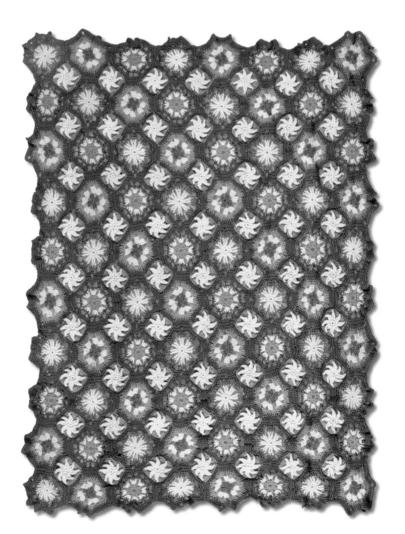

Sinceramente tuya

Dificultad: Avanzada | Medidas finales: 55" × 60" (127cm × 152cm)

Distribuí muchas veces los motivos hasta elegir el diseño final de esta manta. Los motivos parecían vibrar ante mis ojos. Agregué un hilera adicional de color magenta alrededor de cada motivo para atenuar la fuerza del color. En forma plana, pueden verse "X" y "O".

Los motivos están unidos sobre el lado superior de la manta. Amo hacer la unión como un elemento de diseño; esto ayuda para definir la forma del motivo al mismo tiempo que permite que funcione como un todo.

- vsad = vareta simple por adelante

- mvad= media vareta por adelante

- 2vsadjuntas = 2 varetas simples tejidas juntas por adelante: [laz, insertar la aguja desde adelante hacia atrás y luego nuevamente hacia adelante alrededor de la vareta del siguiente pto, laz, pasar el hilado por el pto, laz, pasar el hilado por los dos ptos sobre la aguja] dos veces, laz, pasar el hilado por los 3 ptos sobre la aguja.

- 2vdadjuntas= 2 varetas dobles tejidas juntas por adelante: [2 laz, insertar la aguja desde adelante hacia atrás y luego nuevamente hacia adelante alrededor de la vareta del siguiente pto, laz, pasar el hilado por el pto, (laz, pasar el hilado por los dos ptos sobre la aguja) dos veces] dos veces, laz, pasar el hilado por los 3 ptos sobre la aguja.

Nota: todas las hileras están trabajadas del DL.

Motivo A: Lunar

Hacer 55. Con A, 4 cad, unir en con pto desl para formar un anillo.

HILERA 1: 4 cad, (cuenta como una vd), 15 vd en el anillo; unir con un pto desl en la punta del comienzo de 4 cad –16 vd. Cerrar.

HILERA 2: Unir B con mp en cualquier pto, 4 cad, saltear los próximos 3 ptos, mp en el próximo pto, 3 cad, saltear 1 pto, mp en el próximo pto, 3 cad, mp en el próximo pto 4 cad, saltear los próximos 3 ptos, mp en el próximo pto mp, 3 cad, mp en el próximo pto, 3 cad, saltear 1 pto, mp en el próximo pto, 3 cad, unir con un pto desl en el primer pto, no cerrar –8 mp, 2 esp de 4 cad, 6 esp de 3 cad.

HILERA 3: 3 cad (cuenta como una vs; *5vs en el esp de 4 cad, vs en el próximo pto, 5 cad, saltear el esp de 3 cad, vs en el próximo pto, 3 vs en el esp de 3 cad, vs en el próximo pto, 5 cad**, saltear el esp de 3 cad, vs en el siguiente pto; repetir desde * hasta ** una vez; unir con un pto desl en la punta del comienzo de 3 cad –24 vs, 4 esquinas de 5 cad. Cerrar.

HILERA 4: Unir A con mp en cualquier esq de 5 cad antes de cerrar, 6 mp en el mismo esp, * mp en cada uno de los siguientes 7ptos, 7 mp en el esp de 5 cad, mp en cad uno de los siguientes 5 ptos**, 7 mp en el esp de 5 cad, repetir desde * hasta ** una vez, unir con un pto desl en el primer mp –52 mp. Cerrar.

HILERA 5: 3 cad, vs en los siguientes 2 ptos, *(vs, mv, mp) en el siguiente pto, mp en cada unod e los siguientes 13 ptos, (vs, mv, mp) en el próximo pto**, vs en cada uno de los siguientes 11 ptos, repetir desde * hasta ** una vez, mp ecaa uno de los últimos 8 ptos; unir con pto desl en el primer mp—4 mv, 30 mp, 26 vs.

Motivo B: Paquete de regalo

Hacer 55. Con A, 4 cad, unir con pto deslizado para formar un anillo

HILERA 1: 1 cad, 8 mp en el anillo, unir con pto desl en el mp, no cerrar –8 mp.

HILERA 2: 1 cad, mp en el mismo pto; * 3 cad, saltear 1 pto, mp en el próximo pto; repetir desde * 2 veces más, 3 cad, saltear 1 pto, unir con pto desl en el mp – 4 mp, 4 esp de 3 cad. Cerrar.

HILERA 3: Unir B con pto desl en un esp de 3 cad comenzando por un lado corto, 3 cad (cuentan como una vs), 2 vs en el mismo pto, 4 cad, 5 vs en el siguiente esp de 3 cad, 4 cad, 3 vs en el siguiente esp de 3 cad, 4 cad, 5 vs en el siguiente esp de 3 cad, 4 cad; unir con pto desl enla punta del comienzo de 3 cad –16 vs, 4 esp de 4 cad. Cerrar.

HILERA 4: Unir A con pto desl en un esp de 4 cad comenzando por un lado corto, 3 d (cuentan como una vs), 4 vs en el mismo pto, 3 cad, saltear 3 ptos, 5 vs en el siguiente esp de 4 cad, saltear 5 ptos, 5 vs en el siguiente esp de 4 cad, 3 cad, saltear 3 ptos, 5 vs en el siguiente esp de 4 cad, 4 cad, saltear 5 ptos; unir con pto desl en la punta del comienzo de 3 cad –20 vs, 2 esp de 3 cad, 2 esp de 4 cad. Cerrar.

HILERA 5: Unir B con pto desl en la vs central de una esquina comenzando un lado corto, 3 cad (cuentan como una vs), 2 vs en el mismo pto, vs en cada uno de los siguientes 2 ptos, vs en el esp de 3 cad, 2vdadjuntas alrededor de la primera y tercera vs ubicadas directamente abajo en la hilera 3, vs en el mismo esp de 3 cad, vs en los siguientes 2 ptos, 3 vs en el próximo pto, vs en los siguientes 2 ptos, vdad en la vs ubicada directamente abajo en la hilera 3, vs en los siguientes 2 ptos, 3 vs en el próximo pto, vs en cada uno de los siguientes 2 ptos, vs en el esp de 3 cad, 2vdadjuntas alrededor de la primera y tercera vs ubicada directamente abajo en la hilera 3, vs en el mismo esp de 3 cad, vs en los siguientes 2 ptos, 3 vs en el próximo pto, vs en los siguientes 2 ptos, vdad en la vs ubicada directamente abajo en la hilera 3, 3 vs en el esp de 3 cad, vdad en la vs ubicada directamente abajo en la hilera 3, vs en los últimos 2 ptos; unir con pto desl en la punta del comienzo de 3 cad –2 vdadjuntas, 4 vdad, 38 vs. Cerrar.

HILERA 6: Unir A con mp en la vs central de una esquina de 3 vs comenzando un lado corto, 2 mp en el mismo pto, mp en cada uno de los siguientes 4 ptos, mvad alrededor el siguiente pto, mp en cada uno de los siguientes 4 ptos, 3 mp en el siguiente pto, mp en cada uno de los siguientes 3 ptos, mvad alrededor del

119

siguiente pto, mp en cada uno de los siguientes 3 ptos, 3 mp en el siguiente pto, mp en cada uno de los siguientes 4 ptos, mvad alrededor el siguiente pto, mp en cada uno de los siguientes 4 ptos, 3 mp en el siguiente pto, mp en cada uno de los siguientes 3 ptos, mvad alrededor el siguiente pto, mp en cada uno de los últimos 3 ptos; unir con un pto desl en el primer mp — 6 mvad, 46 mp. Cerrar.

HILERA 7: 1 cad, mp ene 1 mismo pto, *(mp, mv, vs) en el siguiente pto, vs en cada uno de los siguientes 11 ptos, (vs, mv, mp) en el siguiente pto, mp en cada uno de los siguientes 13 ptos; repetir desde * una vez, omitiendo la unión del último mp con pto desl en el primer mp—4mv, 30mp, 26vs. Cerrar.

Unión

Con A y la aguja más grande, ordenar los motivos en 10 columnas de 11 rectángulos, con los rectángulos orientados de manera vertical (igual que un portarretrato), con los RL enfrentados, mp a través de las hebras internas solamente haciendo coincidir los ptos.

Borde

HILERA 1: Con A, unir con mp en el pto central de cualquier esquina comenzando un lado corto, 2 mp más en el mismo pto, *trabajar 18 mp a lo largo de cada motivo hasta la siguiente esquina, 3 mp en el pto central de la próxima esquina, trabajar 15 mp a lo largo de cada motivo hasta la siguiente esquina*, 3mp en el pto central de la próxima esquina; repetir desde * hasta *

una vez; unir con pto desl en el primer mp—694 mp. Cerrar.

HILERA 2: Unir B con mp en cualquier pto, mp en cada mp alrededor, trabajando 3 mp en cada esquina, unir con pto desl en el primer mp.

HILERA 3: Unir A con pto desl en el pto central de cualquier esquina de 3 mp, 4 cad (cuentan como la primera vd), 8 vd más en el mismo pto, ; *saltear 3 ptos, mp en cada pto a lo largo de los últimos 3 ptos antes de la siguiente esquina, saltear los próximos 3 ptos**, 9 vd en el mp central de los siguientes 3 mp de la esquina; repetir desde * alrededor, terminando la última repetición en **, pto desl en el extremo del comienzo de 4 cad. Cerrar.

Terminación

Rematar las hebras.

A	B	A	B	A	B	A	B	A	B
B	A	B	A	B	A	B	A	B	A
A	B	A	B	A	B	A	B	A	B
B	A	B	A	B	A	B	A	B	A
A	B	A	B	A	B	A	B	A	B
B	A	B	A	B	A	B	A	B	A
A	B	A	B	A	B	A	B	A	B
B	A	B	A	B	A	B	A	B	A
A	B	A	B	A	B	A	B	A	B
B	A	B	A	B	A	B	A	B	A
A	B	A	B	A	B	A	B	A	B

Diagrama de unión

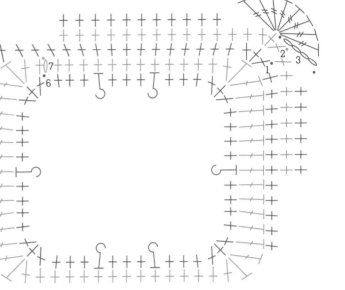

Diagrama de borde

Todos llaman

Dificultad: Muy avanzado | Medidas finales: 38" × 40" (97cm × 102cm)

ADVERTENCIA: ¿estás lista para lanzarte al crochet? Este proyecto incorpora al menos uno de cada motivo de este libro. La unión en este proyecto es muy avanzada y requerirá una licenciatura en intuición. La técnica de unión general será descripta, pero no hay suficiente espacio en este libro para detallar la unión de cada lado a cada motivo. Hacer muestras y asentar será requerido para lograr las medidas adecuadas entre los cincuenta motivos.

PARA EMPEZAR

HILADO

• Hilado semigrueso en 1 color

El proyecto mostrado fue realizado usando Lorna's Laces Sheperd Worsted (100% lana superwash, ovillos de 4 oz/114 g/ 225 yd/ 206 m), 8 madejas en color #0 natural.

AGUJA

• Hacer las muestras requerirá de lograr que los 50 motivos se ajusten entre sí en su tamaño. Los puntos se ajustarán entre sí, pero su muestra se modificará dependiendo del motivo.

• Agujas de crochet en las siguientes medidas: G, H, I, J, K; o cualquier medida para lograr la muestra.

HERRAMIENTAS

• Aguja de coser lana.

MUESTRA

• Objetivo: cada motivo, independientemente de la forma, debe tener 2.5" (6cm) aproximados de lado. Intercambie las agujas si es necesario para lograr este objetivo en cuanto al lado.

Notas: todas las hileras, incluyendo el borde, son trabjados en el DL, excepto el motivo Poder estelar. Deje una hebra de 8" (20 cm) de largo al finalizar los motivos. Si fuera necesario, la última hilera de cada motivo puede ser parcialmente destejida para que pueda ser usada para coser o unir.

Motivos

En la pág 124 encontrará un esquema sobre cuántos motivos deberá hacer de cada uno, qué aguja fue usada en el modelo para cada uno de los motivos y la ubicación numérica de los mismos en el Diagrama de Unión (pág 125). Los números a la izquierda se corresponden con los números en el Diagrama de Unión.

Tejer y asentar los motivos antes de unirlos.

Unión

Unir los motivos siguiendo el Diagrama de Unión. En el Diagrama de Unión, cada ubicación está dada por un número. En la ubicación 1 está Lunar, en la ubicación 2 está Cosecha, etc.

Ver Tips de Unión para sugerencias sobre cómo unir los motivos.

Borde

HILERA 1: Usando aguja I, unir con mp en cualquier esquina, 2 mp más en el mismo pto; mp en cada pto hasta la próxima esquina, tejer 3 mp en el pto central de cada esquina y punta; repetir desde * para los lados restantes; unir con pto desl en el primer pto, no cerrar.

HILERA 2: 3 cad, (cuentan como la primera vs), vs en cada uno de los ptos alrededor de todos los lados, no agregra ptos en las esquinas y puntas; unir con pto desl al extremo del comienzo de 3 cad, no cerrar.

HILERA 3: 1 cad, mp en el mismo pto, (2 cad, mp) en el mismo pto, saltear 1 pto; *(mp 2 cad, mp) en el siguiente pto, saltear 1 pto; repetir desde * todo alrededor; unir con pto desl al primer pto. Cerrar.

Terminación

Rematar las hebras.

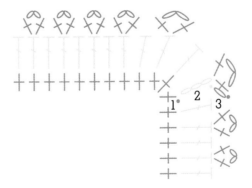

Diagrama de borde

Número	Motivo	Aguja	Hacer
1, 26, 65	Lunar	I	3
2, 83	Cosecha	J	2
3, 63	Biselado	J	2
4, 89	Centelleo	J	2
5, 82	Fogata	J	2
6	Día floreado	K	1
7	Descentrado	J	1
8, 81	Brillante	J	2
9	Pruébalo!	I	1
10, 87	Hexágono dorado	J	2
11, 49, 57	Óvalo en un rectángulo	I	3
12, 64	Neapolitan	I	1
13, 18	Acapulco	I	2
14, 60	Respaldo	H	2
15, 59	Parche floral	I	2
16, 47	Ojalitos	H	2
17, 61	Gerbera	H	2
19, 50	South Beach	I	2
20, 79	Vintage	K	2
21, 25	Marea roja	I	2
22	Pensamiento	I	1
23, 69	Rosa Octogon.	J	2
24	Atardecer	I	1
27, 34	Paquete	I	2
28, 48	Reciclado	J	2
29, 74	Cereza	J	2
30, 45, 75	Bayas	J	3

Número	Motivo	Aguja	Hacer
31, 76	Charcos de lluvia	J	2
32, 62	Cuad. Oscar	I	2
33, 84	Fantástico	J	2
35, 56	H. dactilar	H	2
36, 55	Huracán	J	2
37	Reina del drama	J	1
38	Oro Sol	I	1
39, 68	Octógono floral	I	2
40, 85	Hierro forjado	J	2
41, 42	Último arándano	J	2
43, 86, 88	Simplicidad	J	3
44, 77	Poder estelar	H	2
46	Capitán	H	1
51, 70	Bluebonnet	J	2
52	Medallón octogonal	I	1
53	Tarta de arándanos	J	1
54	Granny octogonal	I	1
58, 78	Triángulo flotante	I	2
66	Parche OVNI	J	1
67	Luz roja, luz verde	I	1
71, 80	D. aterradora	H	2
72, 90	Camafeo	H	2
73	Sereno	J	1

Diagrama de unión

GUIA PARA EL GROSOR DE LOS HILADOS

Debido a que los nombres dados a los diferentes grosores de hilado pueden variar dependiendo del país de origen ó la preferencia del fabricante, el Craft Yarn Counicil of America elaboró un sistema de grosores de hilado para imponer un poco de orden a las etiquetas frecuentemente no regladas.

La información en el cuadro de abajo es tomada de www.yarnstandards.com

	Súper grueso (6)	Grueso (5)	Semigrueso (4)	Medio (3)	Fino (2)	Superfino (1)	Extra superfino (0)
Peso (en inglés)	super-chunky, bulky, roving	chunky, craft, rug	worsted, afghan, aran	light worsted, DK	sport, baby, 4ply	sock, fingering, 2ply, 3ply	fingering, 10-count crochet thread
Rango de muestra en crochet *	5–9 ptos	8–11 ptos	11–14 ptos	12–17 ptos	16–20 ptos	21–32 ptos	32–42 ptos
Rango de aguja recomendada**	M–13 más grande (9mm y más grande)	K–10½ a M–13 (6.5mm–9mm)	I–9 a K–10½ (5.5mm–6.5mm)	7 a I–9 (4.5mm–5.5mm)	E–4 to 7 (3.5mm–4.5mm)	B–1 a E–4 (2.25mm–3.5mm)	Acero *** 6, 7, 8 Aguja regular B–1 (1.4mm–2.25mm)

Notas:

* Muestra (lo que en Reino Unido todas las tejedoras de crochet llaman "tension") está medida sobre 4 pulg/10 cm en medio punto (excepto para super extra fino[0], que está trabajado en vareta simple.

** Las medidas de las agujas de Norteamérica (US) están dadas en primer lugar, con el número inglés equivalente entre paréntesis.

*** Las agujas de crochet de acero están nomencladas en forma diferente a las agujas normales –cuanto más grande es el número, más pequeña es la aguja, que es lo contrario de las agujas normales.

CONVERSIÓN DE AGUJAS

MEDIDA USA	DIÁMETRO (MM)
B/1	2.25
C/2	2.75
D/3	3.25
E/4	3.5
F/5	3.75
G/6	4
H/8	5
I/9	5.5
J/10	6
K/10½	6.5
L/11	8
M/13, N/13	9
N/15, P/15	10
P/Q	15
Q	16
S	19

SUSTITUIR HILADOS

Si usted sustituye un hilado, asegúrese de elegir un hilado del mismo grosor que el hilado recomendado para el proyecto. Aún luego de haber comprobado que la muestra en el hilado que usted piensa sustituir es la misma que está indicada en el patrón, realice una muestra en crochet para asegurarse que el hilado y la aguja que está usando producirá la misma muestra.

Índice

Otros títulos de esta colección

COLECCIÓN de PUNTOS de TEJIDO

300 puntos para tejer
Lesley Stanfield y Melanie Griffiths.

La biblia definitiva de puntos de tejido a dos agujas está aquí. En el presente volumen, dos destacadas autoras del Reino Unido presentan 300 puntos de tejido, desde aquellos básicos destinados a principiantes hasta los más complejos, que alternan colores y texturas.

De acuerdo a las necesidades del lector de material de tejidos latinoamericano, el libro contiene instrucciones escritas así como patrones gráficos para facilitar la comprensión de cada punto.

Además, incluye un diccionario de abreviaturas, un glosario de términos de tejido según los distintos usos del español y un selector de puntos con fotografías al inicio de cada capítulo para facilitar su hallazgo.

Incluye conversor de medidas.

Encuadernación: Rústica.
208 págs. / 19 x 25 cm.

ISBN-13: 978-987-1903-06-1

GORROS de ANIMALES

Tejidos a dos agujas
Fiona Goble.

Combinando técnicas sencillas de tejido con hilados suaves y coloridos, Fiona Goble ha creado una fantástica colección de gorros de animales. Cada diseño posee instrucciones sencillas de seguir y utiliza puntos simples. La claridad de las fotografías de este libro resalta las características más importantes de cada proyecto, haciendo este libro ideal tanto para tejedoras principiantes como para las más experimentadas. Algunas de las cosas que ofrece Gorros de animales:

. 35 gorros súper fáciles y divertidos para bebés, niños, adolescentes y para aquellas almas jóvenes que desafían la clasificación cronológica.

. Todos tus animales favoritos están incluidos: puedes elegir entre un tigre a rayas, un oso mimoso o un lindo gatito. Y, ¿por qué no? También puedes probar con un gorro de rana.

. Cada patrón usa puntos básicos e instrucciones fáciles de seguir, haciéndolo ideal para tejedoras principiantes.

Encuadernación: Rústica
112 págs. / 21 x 28 cm.

ISBN-13: 978-987-19-0326-9

TEJER SIMPLE

15 proyectos con técnicas novedosas para lucir esta temporada
Ale Pont.

Proyéctos fáciles + técnicas novedosas + accesorios a la moda. Con Tejer simple, Ale Pont enseña a trabajar a dos agujas para lograr prendas en lana que se ajustan al gusto actual. Mitones, maxicuellos, chalecos, bufandas y gorros son algunos de los proyectos que sirven para tejer y regalar: son prácticos e insumen poco tiempo y complejidad de tejido. Cada prenda va explicado detalladamente y con diagramas de puntos e imágenes. La excelente fotografía de este libro así como su calidad de impresión lo convierten en un objeto especial para conservar.

Encuadernación: Rústica.
88 págs. / 20 x 26 cm.

ISBN-13: 978-987-19-0328-6